Stamatios TZITZIS
Directeur de Recherche CNRS

Les Grandes Questions

De

La Philosophie pénale

Buenos Books International

www.buenosbooks.fr

Editeur: BUENOS BOOKS INTERNATIONAL, PARIS
Tél: 01 45 41 11 76, Fax: 01 53 01 69 51
E-mail: info@buenosbooks.fr
http://www.buenosbooks.fr

2de édition couverture souple brochée 2007:
ISBN: 9782915495386

Dépôt légal: 1er trimestre 2007

Une première édition de cet ouvrage a été effectuée sous le titre: La philosophie pénale, par les P.U.F en 1996

Dépôt légal: 1er trimestre 2007

A mes parents,
Anastasios et Hélène
et à la famille de Jean DUA

. Introduction

La philosophie pénale donne d'abord à penser à une philosophie se rapportant au droit. Toutefois, elle est loin de se réduire à une réflexion philosophique sur le droit pénal ou sur la conception de la peine. Elle n'est donc pas une simple considération philosophique de la théorie ou de la science du droit pénal. Il s'agit plutôt d'une discipline qui s'ouvre sur le chemin philosophique de l'être pénal pour étudier ses modes d'être phénoménologiques, objet de la science juridique. Mais, en les analysant, elle les dépasse, afin de présenter la totalité de ce qui compose l'univers pénal, dans son apparence et dans sa profondeur. De cette manière, la philosophie pénale vise à dévoiler, à travers le caractère normatif du droit pénal, ce qui fonde le pénal et renvoie à sa finalité.

Dans cette direction, la philosophie pénale a un volet épistémologique (la définition et l'usage des concepts criminels et pénaux) qui suppose une métaphysique: l'exigence d'un savoir pénal qui cherche à expliquer et à fonder les principes et les préexistences de l'être pénal[1] par rapport à ce qui lui est propre(avant d'autres considérations sociologiques, politiques etc.). Cette recherche témoigne d'une interrogation sur les manifestations de l'être pénal, à savoir les modalités de l'être pénal sous forme de phénomènes.

Cette philosophie se forme alors à partir des principes fondamentaux de la raison. En quête du savoir, elle a un caractère par excellence théorique ou contemplatif[2]. Elle vise à un examen critique de la connaissance qui mène à l'univers du crime et de la peine (aspect gnoséologique).[3] Elle ne constitue pas moins une théorie de l'action.Elle étudie les phénomènes criminels dans l'ordre socio-politique (aspect praxéologique). En effet, en pénétrant les faits, on peut aller jusqu' aux fondements de l'être. La praxéologie comme théorie de l'action, nous procure les images de l'être en tant qu'expérience ou représentation. En effet, la praxéologie analyse les expressions du pénal dans leur totalité et dans leur dimension historique.

Cette totalité manifeste l'esprit unificateur de la philosophie pénale qui, contrairement à la science juridique, n'opère aucune division entre logique, éthique et droit.Elle envisage la positivité des faits (le *sein*) et leur évolution comme devoir-être (le *sollen),* inhérent à leur nature. La théorie du droit opère une scission entre l'être et le devoir-être. La philosophie du droit s'en distingue, selon nous, en ce qu'elle considère la chose pénale, non comme une chose subsistante et éventuellement imparfaite, mais chose représentée en train de se parfaire, c'est-à-dire chose actualisant sa nature et visant à accomplir la fin qui lui est propre. De cette façon, l'être pénal est conçu comme un ensemble de choses destinées à se réaliser d'après leur morphologie particulière. Par chose, nous entendons la manifestation (l'étant) de l'être qui s'offre à l'ouverture de nos sens et devient par là l'objet de notre perception.

Ainsi considérée, la philosophie pénale révèle l' esthétique des choses pénales dans la phénoménologie de leur univers. Autrement dit, elle se rapporte à la détermination des modes d'être de cet univers. Elle dit alors la chose pénale. Le dire se rapporte donc aux catégories philosophiques du pénal pour la définition de son ontologie. Elle a ainsi comme tâche de fixer les valeurs qui sont présentes dans la qualification par la volonté d'un fait de crime. celui-ci apparaît par là comme une atteinte à l'esthétique de l'être, à ce qui compose l'harmonie du devenir social et non seulement de l'étant-homme, présence de l'être.

Parler dès lors de la philosophie pénale, c'est sous-entendre que la théorie criminelle en constitue une partie essentielle.Les relations entre forfait et sanction sont envisagées dans le contexte du *logos* (raison d'être) du crime et du *télos* (fin) du châtiment. En effet, le *logos* du crime désigne, outre l'apparition du crime dans l'ordre social,sa fonction et sa raison d'être. Quant à lui, le *télos* n'indique pas uniquement une finalité mais encore le terme et la limite de la légitimité d'un acte par rapport à ses contextes métaphysique et phénoménologique. Or la philosophie pénale étudie les liens qui attachent les sanctions aux faits dans leurs fondements et leurs fins sous les angles gnoséologique, esthétique et axiologique (du point de vues de valeurs morales).

L'histoire, la sociologie, la science juridique et la criminologie ne sauraient être ignorées par la philosophie pénale. Cette dernière est à la fois méthode et discipline. Méthode qui ne se définit pas à la manière moderne: par l' ensemble des procédés rationnels mis en pratique afin de démontrer scientifiquement des faits et d'en déterminer les lois, ou bien pour établir la vérité par la démonstration de la non-contradiction du discours avec sa cohérence interne.

Méthode signifie pour nous *meth'hodos*, ce qui met sur le chemin, la voie qui s'ouvre devant nous en vue de nous amener à une fin précise, cette voie étant l'assise et le commencement de notre périple. Dans cette optique, la philosophie pénale constitue la discipline qui accueille les savoirs des autres sciences comme moyen d'investigation pour ses recherches. Elle devient le fondement épistémologique de tout ce qui a trait au criminel et au pénal. Elle ouvre ainsi le chemin qui mène à l'appréhension et à la compréhension de l'être pénal et de son devoir-être Elle ne se limite pas à une herméneutique phénoménologique (l'explication subjective des choses telles qu'elles se présentent aux perceptions). Elle vise à les montrer, ce qui signifie faire apparaître, à travers les modes d'être, la chose manifestée dans le cadre qui lui convient d'après sa propre structure. Montrer implique dès lors l'apparition de l'être à nos sens à partir de son propre déploiement; ce qui nous permet de saisir une partie de sa densité ontologique. Cela est notamment possible grâce aux signes qui le dévoilent. L'étude des signe qui permettent l'identification de l'être constitue une sémiologie métaphysique.

Cette sémiologie indique notamment les confins de l'espace pénal, sujet à l'exploration. Elle vise à éclairer les relations cachées, celles qui sont peu apparentes mais qui jouent un rôle prédominant dans le jeu dialectique entre le crime et le châtiment. Par les signes, la chose est appréhendée et nommée comme émergence dans le présent, à partir de sa propre fondation, et dirigée vers sa fin. Or la philosophie pénale étudie le devoir-être à partir de la propre provenance de l'être, conçue comme développement qui lui convient, qui l'accompagne en tant que propriété fondamentale. En l'espèce, le besoin d'une herméneutique, au sens de réflexion philosophique interprétative, se révèle indispensable.

Il ne faut pas confondre ici herméneutique phénoménologique, herméneutique exégétique et herméneutique ontologique. La première offre ses offices au positivisme juridique, en tant que méthodologie de l'interprétation[4]. Elle a trait à la signification des choses dotées d'un signe juridique. Elle poursuit l'explication des concepts juridiques dans leurs relations de hiérarchie et de subordination Il s'agit d'une méthodologie rapportée au registre de la théorie du droit positif La deuxième, exégétique, est d'une coloration théologique et concerne le commentaire de toute pensée spéculative qui se réfère au divin. Elle a un caractère axiomatique, puisque fondée sur des vérités irréfutables, révélées par l'autorité d'un Dieu.

Cette herméneutique devient l'auxiliaire des courants naturalistes qui font reposer l'univers pénal et surtout la finalité de la punition(lé téléologie pénale) sur des exigences métaphysiques. En revanche, l'herméneutique ontologique nous donne à voir, dans la totalité des relations pénales, le signe porteur du message de l'être. Autrement dit, elle nous montre la réalité de l'être et comment il se déploie en notre présence. Elle ne représente donc pas une interprétation à partir d'un sujet qui rend objective une situation selon les normes juridiques,ou théologiques. En revanche, elle effectue la mise à jour des faits qui portent à la connaissance tout un monde de valeurs rapportées à ce qui se passe et aux conséquences (le crime et le châtiment) qui en sont entraînées par l'homme, ou à l'aide de l'homme. Cette herméneutique, au lieu d'attribuer des prédicats aux faits, à partir de l'autorité d'une instance (homme ou Etat), éclaire la provenance de toute manifestation (l'étant d'un être) dans son processus historique, en le ramenant jusqu'à notre éventuel apport qui est d'agir dans les limites convenables. Or le monde qu'ouvre la philosophie pénale, loin d' être tributaire d'un droit positif, créateur de valeurs, nous renvoie à l'onomastique du droit pénal.

. Par onomastique, nous entendons cette méthodologie qui étudie, par l'analyse des noms, l'univers pénal, et cela tel qu'il se présente à notre vue[5] à travers son être et ses vicissitudes. Cela s'oppose à la méthode de l'énonciation que la phénoménologie et le positivisme juridique emploient afin de conférer des valeurs aux manifestations de l'être pénal(le nominalisme juridique pénal). L'onomastique est auxiliaire de la dialectique qui nous aide à confronter les contrastes des étants de l'être pénal et les situations contradictoires, pour dégager la vérité des choses, cette vérité étant la raison (*logos*) substantielle de nos recherches.

Dans cette perspective, la philosophie pénale, sans rejeter le processus phénoménologique, le dépasse. La phénoménologie est une *possibilité* pour la pensée et non pas sa *réalisation*[6]. Elle laisse se poser les questions qui relèvent de l'univers pénal, alors que la philosophie pénale comme philosophie ontologique s'interroge sur l'être et son déploiement à partir de son essence. Or la phénoménologie nous aide à prendre conscience des apparitions de l'être et de la possibilité de ses manifestations. Autrement dit, la phénoménologie assure le passage de la sphère subjectiviste située dans la conscience individuelle, à celle de l'objectivité où le moi joue un rôle secondaire dans l'établissement des principes et des règles. Ceux-ci sont dégagés à travers les manifestations de l'être, de sa propre substantialité et non pas à partir de la subjectivité humaine.

La philosophie pénale porte ainsi son regard sur les phénomènes, sans tirer ses conclusions exclusivement de ceux-ci. Elle observe les articulations des expressions de l'être en remontant jusqu' aux ultimes principes de leur existence qui, en même temps, composent avec la raison d' être de l'être, à savoir son fondement. De cette manière, la philosophie pénale va jusqu' aux principes (les *archai*) qui ont engendré les phénomènes, afin de mettre en lumière les fondations du monde pénal en relation avec la présence du crime. Mais présence ne veut pas dire apparence. Dans notre optique,elle signale le dévoilement des causes et des effets qui composent le forfait. Or le propre de la philosophie pénale est de fonder ce qui fait que le crime est crime ainsi que l'étiologie (le pourquoi) de la punition. L'ontologie pénale se rencontre donc là où il y a l'unité du fondement et de la finalité.

L'*archè* (le principe fondateur) n'est pas en effet indépendant du *télos* (la finalité) de la punition. Dans notre vue, tout fondement ontologique comporte les fins en puissance de l'être. Or, il est impossible d'attribuer à l'être pénal des valeurs (constituant en même temps des fins) qui ne sont pas conformes à sa structure interne, car celui-ci ne saurait s'accomplir. C'est pourquoi, nous évitons d'opposer ou de séparer l'idée de l'utilitarisme de celle de la rétribution, en faisant de ces deux courants des rivaux. La rétribution est le fondement de la punition alors que toute finalité utilitaire (la prévention générale ou la prévention spéciale) n'est que l'effet de cette rétribution (*télos tès archès:* fin du principe fondateur). La raison d'être qui lie intrinsèquement le principe avec sa finalité est l'*aition* (la cause à effet). Nous sommes alors en présence de la *ratio,* ce qui lie substantiellement le criminel au pénal. Et c'est cette *ratio* qui sert de fondation à la philosophie pénale.

Les grands chapitres de la philosophie pénale convergent alors vers les perspectives morales du châtiment, son être et sa place dans le monde criminel. L'étude de la règle pénale s'avère ici très utile. Or la philosophie pénale est en l'occurrence envisagée comme fondation de la science criminelle. D'où la nécessité d'examiner le caractère, la fin et le fondement de la punition. Il s'agit notamment du volet praxéologique de la philosophie pénale: l'étude des modes d'être de l'être pénal, comme manifestations dans l'ordre social.

En tant que philosophie première pourtant, la philosophie pénale transcende le niveau de la formalité juridique, pour pénétrer la dimension onto-axiologique du juste.

Dans cette perspective, l'architecture de la philosophie pénale serait bien éclairée, si l'on cherchait les piliers qui soutiennent la sanction et la justifient par rapport au crime. L'être du crime deviendrait par là plus clair, de sorte que la notion de culpabilité soit mieux sentie chez l'homme dans sa finitude et dans ses aspirations métaphysiques. En effet, le fondement implique toute une réflexion ontologique comme recherche de ce qui est non seulement au fond des choses et qui les établit solidement, mais encore de ce qui en est la cause, la raison ou le motif. Le fondement de la peine nous mène donc au premier principe de sa raison d'être qui pourrait nous ouvrir des horizons plus lointains que l'apparence des faits, et nous mener à l'étude de la spiritualité de l'individu, protagoniste du drame criminel.

Chapitre I

La Règle Pénale

La philosophie pénale, en tant que discipline ontologique, s'interroge sur la disposition du savoir pénal dans les textes formels comme le code pénal. Elle s'intéresse notamment à la technique pénale: la mise en ordre de ce savoir et l'art de l'appliquer dans la vie politique. Il s'avère donc nécessaire d'analyser la structure de la règle pénale afin de saisir sa place dans l'univers de la philosophie pénale.

I. Anatomie de la règle pénale.

La règle pénale a comme fondement les énoncés du code pénal qui circonscrivent les choses pénales, objets juridiques qui tombent dans la sphère du droit criminel. Ces énoncés font donc partie de la métaphysique pénale. Celle-ci a trait à la détermination des choses pénales; les modes d'être des étants pénaux, comme les rapports entre crime sanction et délinquant, l'extension du châtiment (en cas de complicité), le lieu et le temps de la perpétration du forfait, etc.

Les choses pénales sont déterminées par les propositions qui expriment des jugements comme lien entre sujet et prédicat. Il s'agit de jugements objectifs, c'est-à-dire posés axiomatiquement par les autorités officielles et supposés comme acceptés par tous. Tel est le cas de l'art. III-1 du c.p. qui dispose: “Les infractions pénales sont classées, suivant leur gravité, en crimes, délits et contraventions", et du -2: "La loi détermine les crimes et délits et fixe les peines applicables à leurs auteurs....". Or la chose pénale est révélée par les propositions incluses dans les énoncés. Selon le volontarisme juridique en effet, la proposition sur ces choses révèle ce que les choses contiennent et à qui elles font appel. Elle est le "réceptacle"de l'être pénal.

L'énoncé pénal "dit le droit", au sens qu'il établit les signes permettant de constater la validité d'un acte en tant qu'acte légal. Ces signes, pour la plupart du temps, représentent les points de repères des actions interdites par le droit pénal. En d'autres termes, l'énoncé nous révèle le licite ou l'illicite de l'agir humain, sous forme de propositions juridiques. Dans cette optique, l'énoncé désigne le modèle du crime (au sens large du terme) et l'étendue de la punition. Par "désigner", nous entendons ce qui fait apparaître une action comme contraire au droit, et par là est liée à une sanction.

L'énoncé se précise comme un énoncé sur: il fait du forfait une détermination interprétative de l'être pénal comme mode d'énonciation. Il donne par suite des informations sur ce qu'est un vol, un assassinat, un homicide involontaire etc..

L'énoncé apparaît encore comme un énoncé à: il vise à émettre un communiqué, soulignant les spécificités d'un acte délictueux: les circonstances aggravantes ou atténuantes par exemples, ou encore, les causes de non-imputabilité, le cas de la contrainte morale etc.

L'énoncé revêt enfin la forme d'un énoncé de: il signale le *logos,* le rapport entre le crime et la punition, *logos* qui constitue d'une certaine façon la logique justifiant la sanction.

Il est dès lors clair que l'énoncé représente ce qui pose l'être pénal à partir du dire pénal et forme par là la règle pénale qui assure le jugement entre le sujet(le fait de donner volontairement la mort à autrui)) et ce qui est censé être selon la volonté du législateur: le prédicat (ce fait est qualifié de meurtre ou d'assassinat, d'après l'article 221-1 et 221-3) Ainsi la règle pénale établit l'identité du concept de l'infraction en garantissant l'émergence du prédicat, ce qui annonce les fonctions de la règles pénales.

II. Les fonctions de la règle pénale.

1) Sa fonction principale est la fonction poïétique qui crée l'action punissable. Il est inconcevable de condamner quelqu'un sans une prévision juridique, en absence d'une règle pénale. Cette fonction est:

A) ontologique, lorsqu'elle définit l'être de l'infraction en général: ce qui constitue l'homicide, l'assassinat, le meurtre, etc., indépendamment de ses déterminations particulières, donc ce qui porte sur l'essence du crime en tant que crime constitué par action ou par omission (non-assistance à personne en danger).

B) ontique, lorsque elle se rapporte à certaines spécificités de l'infraction qui constituent des déterminations particulières de son être, tel le cas de l'art. 221-4 qui dispose: “Le meurtre est puni de la réclusion criminelle à perpétuité lorsque il est commis; 1° Sur un mineur de quinze ans; Sur un ascendant légitime ou naturel ou sur les père ou mère adoptifs". Or cette fonction se rapporte à une manifestation concrète d'une infraction qui a été déjà définie par la règle pénale.

La fonction poïétique de la règle pénale est fondée sur le principe *Nullum crimen nulla poena sine lege* [7].

2) Une autre fonction qui assure les rapports entre l'acte punissable et le châtiment est la fonction référentielle. Elle désigne le lien entre l'acte prévu par le code pénal et la punition de son auteur.Elle établit par là la logique punitive qui justifie la sanction du comportement humain au nom de la déontologie étatique.

. Nous pouvons discerner en l'occurrence deux sortes de règles consacrant cette fonction:

A) Les règles qui ont trait à la relation entre l'infraction et le châtiment: “Le fait de soumettre une personne à des tortures ou à des actes de barbarie est puni de quinze ans de réclusion criminelle”art. 222-1. "Les agressions sexuelles autres que le viol sont punies de cinq ans d'emprisonnement et de 500.OOO F. d'amende ", art.222-27.

B) Les règles personnelles qui se rapportent directement à l'auteur du crime. Cet auteur est nommé comme "Quiconque..", art. 223-6; "Les personnes physiques,”art. 222-44,; "Les personnes morales", art. 223-2; "Les personnes physiques et morales, art. 222-50; 225-22) ou plus précisément encore, pour des crimes attachés à la qualité de l'agent de l'infraction, "un français", en cas de trahison ou d'espionnage.

Cette fonction est d'une grande importance pour le caractère personnalisé du châtiment. La formulation qu'un délit est puni du châtiment X n'implique point que la justice pénale exige la punition comme le remboursement d'une dette; cela pourrait être fait par une autre personne que le coupable. Le droit pénal vise à punir l'acte de l'auteur qui ne saurait transmettre sa dette à un volontaire.

Ainsi, en cas d'erreur judiciaire, sa victime, après avoir exécuté sa peine, n'a droit qu' à la réhabilitation, ou à des dommages et intérêts. Personne ne saurait faire prévaloir que le vrai coupable, une fois découvert, ne soit susceptible d'être condamné à la peine prévue pour son crime.

Ces références, tantôt au forfait tantôt au délinquant, ont, à notre sentiment, un intérêt particulier pour la philosophie pénale. L'arrêt pénal ne condamne pas l'intégrité de la personne, mais l'individu qui a agi, en un moment critique de sa vie. On punit le coupable pour son acte et non pas l'homme fautif à travers son infraction [8].Or on ne lance pas l'anathème contre toute une existence, la totalité d'une vie, mais contre l'acteur du drame qui a lésé la victime, la société et l'ordre public. Ainsi, le châtiment n'est pas incompatible avec la dignité humaine, car il sanctionne l'indignité d'un comportement, ennemi à l'harmonie de l'Etat.

Il existe, certes, des exceptions. Nous faisons allusion à la peine de mort qui, comme suprême supplice, tend, selon ses adversaires, à annuler la personnalité du condamné considéré comme monstrueuse et incapable de correction. Aujourd'hui cette condamnation irrévocable tend à disparaître, dans l'Union européenne[9]

3) Une troisième fonction de la règle pénale qui sert de fondement aux précédentes est la fonction expressive. Elle tend à transmettre par la sémantique de la punition clairement formulée, un message compréhensif et concret aux destinataires du droit pénal et notamment aux citoyens. Elle implique "une écriture d'autorité", c'est-à-dire qu'elle tend, par la prévision de la sanction, à susciter

une contrainte psychologique dans l'individu, pour lui faire respecter les messages du droit pénal.

Cette autorité est le fait d' un pouvoir dominant comme celui de la démocratie parlementaire ou bien, celui de la monarchie, ou encore d'un autre pouvoir institutionnel. Tout cela dépend de la structure politique de l'Etat ; en tout cas cette fonction confère à la règle pénale une force hégémonique.

Nous voulons dire par là que la fonction expressive vise à faire connaître le savoir juridique qui doit régner dans l'ordre social. La sanction se présente, dans ce contexte, comme une notion distinctive: elle fait surgir les points spécifiques d'une conduite qui est incriminée par la règle pénale.

. Ces fonctions appartiennent à la sphère de la métaphysique juridique du droit pénal. Par métaphysique, nous entendons cette partie du savoir pénal qui cherche à définir avec exactitude l'ensemble des principes qui déterminent l'incrimination d'un acte humain et la sanction qui lui est attachée. Nous distinguons cette sphère des sphères déontologique et téléologique. La dernière a un caractère extra-légal. Elle concerne la politique criminelle et met l'accent sur les fins de la punition. Elle est surtout l'objet de la criminologie dans son étude du traitement du délinquant. La sphère déontologique se rapporte à la nature du droit pénal et le caractérise comme normatif, d'où la logique déontique du droit. Ce qui domine en l'espèce est le devoir-être juridique.

Chapitre II

Herméneutique et déontologie pénale

Bien que la formulation des articles pénaux soit claire, leur interprétation par les juristes ne fait pas l'unanimité. A travers la transparence phénoménologique, se pose un vrai problème d'herméneutique juridique. Il concerne la nature des lois pénales et celle de la punition. Il y va plus spécialement de la place de la déontologie (le devoir-être) dans l'univers du droit criminel.

I) La déontologie pénale.

Thomas Hobbes, le père de la science politique moderne nous a légué, dans le *De Cive,* un texte[10] qui aborde fondamentalement ce sujet, que voici:

“Il y en a qui croient qu'on expie les péchés contre la loi civile, quand la peine est définie par la loi, si on la souffre volontiers; et ceux qui y ont satisfait par leur supplice, ne sont plus coupables devant Dieu pour avoir transgressé la loi de nature (bien qu'il soit vrai qu'on enfreint la civile en transgressant cette dernière qui en commande l'observation); comme si la loi ne défendait pas l'action, mais proposait seulement la peine en forme de récompense et vendait à ce prix-là la permission du mal faire. Par la même raison, ils pourraient inférer aussi, qu'aucune transgression de la loi n'est péché; mais que chacun doit jouir légitimement de la liberté qu'il a achetée à ses propres dépens. Sur quoi il faut savoir que les termes de la loi peuvent être interprétés en deux sens. En l'un, comme contenant deux parties (ainsi qu'il a été dit en l'article VII), à savoir la prohibitive qui défend absolument, *tu ne feras point une telle chose;* et la vindicative, *celui qui fera une telle chose encourra une telle peine.* En l'autre, la loi ne contient qu'un sens conditionnel, par exemple*: vous ne ferez point une telle chose, si vous ne voulez encourir une telle punition.* Et ainsi elle ne défend pas simplement, mais conditionnellement. Si on l'interprète de la première façon, celui qui commet l'action pèche, parce qu'il fait ce que la loi a défendu. Mais en l'autre il ne demeure point coupable, pour ce qu'on n'a pas défendu la chose à celui qui en accomplit la condition: au premier sens, la défense s'adresse à tout le monde; mais au dernier, elle ne regarde que ceux qui se soustraient à la peine. Au premier sens, la partie vindicative de la loi n'oblige point le coupable, mais bien le magistrat à en prendre vengeance; au deuxième, le criminel est obligé de procurer lui-même sa punition; ce qu'il ne lui est pas bien possible d'exécuter, si les peines sont griéves ou capitales..."[11]

. Pour mieux saisir ce problème philosophique, plaçons-le dans l'actualité juridique de notre temps.L'article 311-8 c.p. dispose: “Le vol est puni de vingt ans de réclusion criminelle et de 1.OOO.OOO F d'amande lorsqu'il est commis soit avec usage ou menace d'une arme, soit par une personne porteuse d'une arme soumise à autorisation ou dont le port est prohibé".

1). L'impératif pénal.

Selon le premier sens de la loi, il y a, sous-entendue, une prohibition qui ordonne de ne pas commettre ce vol. Si l'individu n'obéit pas à cette prohibition, la partie vindicative de la loi prévoit le châtiment approprié. Or il y a là, impliqué, un impératif catégorique qui interdit le vol.

Cette conception favorise une interprétation moraliste du droit pénal. Les disciples du droit naturel peuvent donc y trouver leur compte. Dans l'idée d'infraction, il y a une interdiction morale. Le kantisme s'accorde bien avec cet aspect. En effet, l'impératif catégorique est une loi morale pratique[12] qui énonce pour certaines actions une obligation de faire ou de ne pas faire. Cette obligation traduit une nécessité pour ne pas subir la peine. Celle-ci, dans le discours sémantique du législateur, révèle la structure morale du droit pénal qui se reflète dans le présupposé vindicatif de la loi.Or le châtiment signale le devoir de ne pas se conformer à la proposition de la règle pénale, c'est-à-dire à celle qui énonce le comportement entraînant une sanction.

Il est à rapprocher de cette conception, les idées du juriste allemand K. Binding (qu'il a exposées dans sa théorie des normes, *Normentheorie.*[13] Cet auteur opère une distinction entre la définition d'un délit qui est établie par les articles du code pénal et la norme qui, par principe, précède logiquement les articles de ce code.La norme interdit ou ordonne un acte. Ainsi, lorsque une règle pénale menace par une sanction l'auteur d' un acte incriminé, elle ne l'interdit pas, tant s'en faut. Elle implique que cet acte constitue une transgression à une norme sous-jacente qui l'interdit. Or la norme inaugure un devoir-faire ou ne-pas -faire, une déontologie de se comporter selon les normes supposées. Prenons comme exemple l'homicide.Celui-ci ne désigne pas la violation d'une loi pénale, mais de la norme qui est"il ne faut pas tuer". Ces impératifs, constituant les normes premières du droit pénal peuvent être éventuellement trouvées en d'autres branches du droit(en droit civil, ou en droit commercial etc).

Des juristes grecs influencés par la pensée Allemande [14] sont très sensibles à cette théorie. Selon eux, le contenu de la norme implique deux perspectives: a) l'axiologique qui témoigne d'une appréciation positive ou négative d'un acte en relation avec les biens juridiques que le droit positif juge dignes d'être protégés et qui traduisent les intérêts de l'ensemble des citoyens[15]. b) l'impératif qui traduit,
soit l'interdiction de l'acte jugé négativement, soit l' exécution de cet acte qui est jugé positif pour le bien de la société.

Il s'ensuit que la morale impliquée dans cette théorie est loin de se rapporter à une métaphysique transcendante; elle est loin de révéler un quelconque idéalisme. Il s'agit d'une éthique utilitaire qui est tout à fait compatible avec les fins de la loi positive.

2) L'optatif pénal

Rapportons-nous à présent au deuxième sens de la règle pénale concernant l'article 311-8: On peut l'analyser en deux propositions conditionnelles,l'une négative et l'autre positive: a) Si vous ne voulez pas subir la peine prescrite par cet article, il ne faut pas commettre cette sorte de vol b) si vous voulez commettre ce vol, il faut subir le châtiment qui lui est attaché.

Ici la sanction de caractère pragmatique[16] revêt la forme d'un prix à payer, d'un rachat, dénué de toute coloration éthique. Le problème qui se pose concerne la responsabilité. Celui qui est prêt à assumer les conséquences d'un acte incriminé est autorisé à le commettre.

Cette dernière interprétation est à notre sentiment peu vraisemblable pour traduire l'esprit du code pénal. Celui-ci a comme but fondamental de décrire les actes illégaux et de prévoir une sanction dans le cas de leur perpétration. Or une autorisation sous condition nous semble peu concevable. D'autre part, la *Normentheorie,* malgré la cohérence de sa logique, ne doit pas traduire l'esprit des principes fondateurs du droit pénal.

3) La nature du droit pénal

Le droit pénal est par excellence un droit positif. Toute règle à suivre doit être annoncée par lui même ou clairement déduite par ses dispositions. Or les règles primaires, notamment celles qui sont censées être déduites logiquement, sont le fruit d'une interprétation peu rigoureuse. On pourrait soutenir qu'il s'agit d'une interprétation qui, loin d'être littérale et extensive, s'en tient à l'intention du législateur. Si le législateur voulait établir, pourtant, un impératif à faire ou à ne pas faire, pourquoi ne l'a-t-il pas stipulé dans les dispositions pénales, ce qui peut se produire sans complication?

Si la détermination du contenu exact de la règle pénale peut relever d'une question d'interprétation, ses perspectives dépendent de la liberté que laisse à dessein le code pénal. Et nous doutons fort que cette liberté soit affirmée au sujet du fondement et de l'acceptation des normes primaires.

Si nous convenions, malgré tout, que la loi pénale suppose bien une telle norme, il faudrait que la sanction punisse la mauvaise intention, une fois extériorisée. Et les normes primaires, telles que "ne commets pas de vol", "ne tue pas “etc, s'adressent plus à la conscience qu'au comportement. En d'autres termes, elles visent à former un état d'esprit de sorte que la faute n'ait pas lieu. Cependant, le droit pénal punit l'infraction accomplie, sa tentative, ou bien son commencement d'exécution.

Le fondement justificatif doit se trouver ailleurs. La loi pénale punit tout acte qui révèle l'hostilité de son auteur envers les valeurs sociales que cette loi tend à protéger. Le texte qui incrimine un fait implique leur violation[17]

La règle pénale constitue, en effet, une règle sociale qui, par la prévision des peines, indique aux citoyens les biens juridiques qu'elle vise à protéger, afin que certaines fins sociales soient réalisées et assurées. Or la norme primaire "ne tue pas”n'implique pas forcément une hostilité contre la vie, en tant que bien juridique protégé par le droit pénal. La preuve est que certains cas d'euthanasie pratiqués par des médecins n'ont pas donné lieu à leur condamnation (tel le cas de la cour d'appel de la Haye[18]). Et cela ne concerne pas seulement le corps médical. C'est également le cas des simples citoyens: à Poitiers,J...[19], tua sa femme atteinte de sénilité. Un accord mutuel a été fait, avant sa maladie, en vertu duquel si l'un des époux devenait sénile, l'autre devrait l'aider à mourir, afin que le malade ne souffre pas de sa décadence et préserve par là son sentiment de dignité. J.. n'a pas été jugé coupable. Son acte était loin d'être interprété comme hostile à la vie.

II. Devoir-être (*sollen*) ou convenance (*déon*) en matière pénale

Avançant que la partie vindicative de la loi oblige le magistrat à prendre vengeance pour un acte illégal, Hobbes se fait précurseur du droit normatif qui verra son plein essor dans le positivisme juridique de Kelsen.

1.Le devoir-être positiviste

. Kelsen voit dans le prédicat de la proposition juridique une norme qui implique un *sollen* adressé aux autorités compétentes (au magistrat par exemple) afin que la norme soit exécutée. Il remarque notamment:

"Ces normes se présentent d'ailleurs souvent sous forme d' impératifs, car le rôle des organes législatifs, judiciaires ou administratifs, qui créent ou appliquent des normes juridiques, est précisément de prescrire ou d'autoriser un comportement déterminé. L'agent de police qui par un coup de sifflet ordonne à un automobiliste de s'arrêter, crée une norme individuelle. La loi prescrivant au tribunal de police d'infliger une amende à l'automobiliste qui ne s'est pas soumis à l'ordre d'un agent de police, est une norme générale, quelle que soit la forme grammaticale sous laquelle elle se présente. Même ce qu'on appelle le “jugement”d'un tribunal n'est pas un jugement au sens logique du terme, c'est une norme prescrivant une condition déterminée aux individus auxquels elle s'adresse"[20]

Le droit désigne donc l'ensemble des normes qui composent un ordre contraignant. La norme juridique définit une conduite qui est sujette à une sanction[21]. Ainsi dans le cas de l'appropriation de la chose qui appartient à autrui (vol), ce qui constitue la signification d'un acte(*sein),* a comme validité une norme, un *sollen* le devoir-être de la punition[22]. Il s'ensuit que la norme n'établit aucun modèle de comportement dans l'univers de l'être(*sein),* mais elle pose une obligation. Il faut donc faire la différence entre une norme qui prescrit et un énoncé qui décrit.

Dans ce contexte, la condition de la sanction n'est pas l'obligation mais le comportement incriminé, c'est-à-dire le comportement antijuridique. Le comportement prescrit n'est pas le comportement dû; ce qui est dû, c'est la sanction[23]

2. Le droit distributif.

Michel Villey se situe aux antipodes de ces idées. Inspiré par l'aristotélisme thomiste, donc tributaire de la philosophie hellénique, il met à la place du *sollen* le *déon*, la convenance, ce qui fait la part des choses. Chacun doit obtenir ce qui lui revient selon son mérite, dans une situation donnée. Pour Villey le droit, au lieu de traduire un *fiat,* une obligation à remplir, indique une réalité.[24]

"Le juriste décrit la part qui revient à chacun selon le droit. Ce n'est pas l'existence *actuelle,* le monde de la pure facticité, c'est une autre région de l'être(sans doute négligée, méconnue par la science moderne, depuis les assauts du nominalisme) que le juriste reçoit ici mission d'explorer, dont il doit dire la consistance. Il dit ce qui peut être aperçu du *juste* dans les rapports sociaux, comme un poète décrit le *beau* perçu dans les choses. Qui ne doit pas être réduit au fait: quand j'affirme que la symphonie en sol mineur de Mozart est belle, je n'entends pas dire ce *fait,* que les gens l'applaudissent. Et je veux bien que le justice, ou le beau aient une valeur de "norme", mais non pas de règle d'*action,* non pas de norme au sens où l'entendent habituellement nos logiciens de la déontique".[25]

. De cette manière, M. Villey trouve dans le droit l'indicatif, traduisant un mode de dire la part juste de chacun[26]. Le juge pénal a dès lors comme tâche d'attribuer des peines à raison du comportement manifesté du délinquant. Il ne reçoit aucun commandement de la part du pouvoir législatif afin d'imposer des châtiments aux coupables. Il n'est pas "la bonne de la Loi"[27]. Le droit se dit et il appartient à la mission du juge à le rendre; il ne saurait s'identifier aux normes[28]. Le *dikaion* vient des rapports entre les personnes et les choses distribuées selon la juste proportion[29].

3. Subjectivité et objectivité

L'individu moderne trace son chemin à travers le droit objectif et ses droits subjectifs. Il est porteur de la juridicité qui le fonde dans son essence d'être social. Dès sa naissance, il s'installe dans le monde comme porteur de droits et d' obligations qui donnent un sens à son existence. Sous cet angle, existence et action se confondent dans la coexistence avec ses semblables; ce qui crée des liens juridiques forgeant la destinée du monde. L'homme est celui que le droit a conçus. Il ne serait pas exagéré d'avancer que l'individu est formé par la technique juridique de sorte qu' entre eux se fonde une relation essentielle. Dans ces circonstances, un droit normatif qui détermine l'être de l'homme est imaginable. En effet, comme toute chose objective peut être déterminée par des règles d'autorité, l'homme moderne, conçu comme objectivité (détaché de l'essence du monde, à savoir isolé de la finalité de l'être qui lui est propre), peut l'être également.

Il importe de noter en l'espèce que chez les Grecs, il n'y a pas l'idée de subjectivité. L'Hellène se voit comme une présence qui appartient à l'essence de l'être, et apparaît en ce monde comme manifestation privilégiée de l'être. Ce qui lie l'homme à ce dernier, c'est le *logos* qui mesure son statut dans la cité (*polis).* Et la *polis* est un reflet de l'être. Il n' y a donc pas de construction artificielle de la cité, et par là de distinction entre droit individuel et droit objectif.

Le *logos(*le fait de dire, ou bien, ce qui dit) implique l'appréhension d'une partie de l'être, d'un ensemble des choses qui apparaissent dans la vue ou dans l'intellect. *Légein* dénote l'activité pensante qui nomme les étants(les choses dans le devenir) inclinés vers leur accomplissement. Le *légein* se révèle ainsi comme la dispensation de l'être Or lorsque le juge dit le droit, il dispense ce qui est juste en tant que propos qui reflète l'être du droit, car la langue pour les Hellènes est la “demeure de l'être". [30]

Cela veut dire que l'homme ne crée pas conventionnellement le langage, établissant arbitrairement les valeurs qui le déterminent, mais qu'il répond à l'être qui se dit d'après les valeurs émanant des rapports entre les choses. Le *dikaion*, loin de désigner donc ce que la volonté humaine établit, exprime une dialectique des rapports entre hommes et choses, rapports évalués selon les *nomoi.* (les lois grecques). Il s'agit des règles écrites ou non écrites traduisant l'être historique de la cité, auquel le temps a donné une validité certaine afin qu'ils servent de mesure à ce qui revient à chaque *politès* (membre de la cité). Le droit grec montre la place que l'homme occupe dans la présence de l'étant de l'être, qui est en l'occurrence la cité.

Dans cette optique, le *légein* équivaut au *deiknymi* (montrer, faire apparaître ce qui est vraiment), car le vrai l'*alèthés* signifie la venue de l'être à notre connaissance, la présence de ce qui est dans l'éclaircie de notre orbite. Cet adjectif s'oppose ainsi au vrai-certain de notre temps, mais le signe de l'être qui se montre. Il signale,d'une part, le rapport entre les hommes et les choses, et d'autre part, l' être même où ce rapport se concrétise comme accord des discordants. De cette manière le juste côtoie l'*alèhés.*

Le dire qui nomme le *dikaion* fait donc que la chose soit chose: qu'un fait neutre acquiert une tonalité juridique, autrement dit, il n'accorde pas à un être,*sein*, un *sollen,* devoir-être. Le dire du *dikaion,* indique la part qui revient proprement à chacun,il nomme donc la différence dans le partage juste. La différence qui fait le "propre"de chacun relève de la propriété du juste, car le juste distribue à chacun ce qui lui revient (donc son propre) selon son mérite.

Cette différence ne dénote pas une distinction entre l'être et le devoir-être, comme le veut le positivisme juridique moderne. La différence est le chemin parcouru par les choses de la nature(les étants de l'être) depuis leurs principes (*archai*) jusqu'à leur finalité (*télos*). En d'autre termes, l' être et le devoir-être, ne sont pas, dans le *cosmos* juridique, séparés. même s'ils l'étaient, le deuxième seul, en tant que norme, aurait une valeur de droit. Le *dikaion* montre l'unité de l'être (*einai*) et du devoir-être(*déon*):

celui-ci traduit notamment la finalité de celui-là qui implique avant tout ses principes fondateurs. Or le droit conçu comme ordre normatif est une idée étrangère au monde hellénique.

4. *Dikaion* et *recht.*

Michel Villey aborde le droit (*dikaion*) dans sa perspective d'ontologie juridique, d'une manière analogue à celle de *légein*: comprendre l'être dans le dire. Ce juriste avance notamment:

"Il faut nous entendre sur notre Corpus comme faisaient les juristes romains. Ils distinguaient l'*imperium* de la *jurisdictio.* Le policier n'est pas juriste. Il est vrai que l'édit du préteur, et fréquemment la loi publique, s'expriment par impératifs. Mais ce n'est pas la manière de la *jurisdictio.* Les actes s'ordonnent, le droit se *dit.* C'est le grand mérite des Romains qui, s'appuyant sur la doctrine aristotélicienne, firent du droit une science autonome, d'avoir mis à part, distingué le rôle du juge et des juristes. Leurs discours vise à indiquer, ce qui *est* à chacun-indicatif-. Et le gouvernement des *actes*, prescriptif, ressortit à d'autres. "[31]

Villey ne confond pas droit et loi. Le droit dépasse amplement le champ de la loi. Il peut même s'opposer à la loi. Au fond, la loi ne montre qu'un aspect du droit qui doit trouver son expression dans le partage de la part que le juge fait des choses, attribuant aux parties en litige ce qui doit leur revenir. La prudence du magistrat joue donc un rôle primordial, dans un jeu dialectique concernant les intérêts et le mérite des parties en litige.

. Le droit désigne alors l'art qui tend vers le bien et l'équitable et non pas l'*imperium* d'une autorité, tel le droit kelsenien.

Kelsen accorde au droit toutes les qualités du *recht,* du droit de sa tradition. Le *recht* évoque la hiérarchie des ordres qui remontent à l'autorité suprême, symbole du haut commandement de l'Etat. Alors que le *dikaion* indique la confrontation des parties par les services d'une personne tierce et désintéressée (le juge), le *recht* fait appel à un sujet de droit, à celui qui est assujetti au pouvoir de la loi.

Dans cette direction, le "nommer"positiviste affuble d'un *sollen* les événements connus et représentables et leur distribue des qualificatifs juridiques. Il commande ensuite leur respect puisque le pouvoir dominant l'a voulu ainsi. Demain, si ce pouvoir en décide autrement, le droit change de visage. Ce droit ne pourrait être qu' une norme.

Le *recht* est un moyen de faire d'une chose ou d'un fait une représentation juridique. Il trouve son expression dans les règles juridiques, symboles d'un ordre contraignant qui transcende les faits immédiatement saisissables, mais immanents à la réalité de l'expérience humaine. la transcendance de cette ordre désigne la qualité d' une réalité intellectuelle ou idéale qui a sa fondation dans l'acte de volonté (la norme) de ne pas constituer la propriété d'un homme ou de sa conduite. Ainsi, pour Kelsen:

“L'homme a la propriété d'être un voleur, sa conduite la propriété d'un vol, mais il n'a pas la propriété de devoir être puni. Car ce sont des normes qui disent que les voleurs doivent être punis et qu'un voleur déterminé doit être puni, et une norme ne peut pas être la propriété d'un homme ou de sa conduite". [32]

Binding accorde un caractère normatif aux règles primaires. Or pouvons-nous les rapprocher du droit kelsenien?

Kelsen, contrairement à Binding ne fait pas des normes primaires un ordre normatif indépendant de celui qui impose le devoir-être de la punition au délinquant. [33]. La structure de la théorie kelsenienne ne semble pas manifester une importance particulière pour ces normes.

5. Du droit propédeutique

En ce qui nous concerne, il nous est impossible, malgré le côté réaliste de la doctrine kelsenienne d'accepter la portée normative de la sanction. Certes, celle-ci s'énonce obligatoirement pour celui qui a commis un délit. Il faut que le coupable soit puni. Il y a un impératif qui est adressé au magistrat, afin que le coupable reçoive le fruit de ses actes. Mais nous voyons là un *sollen* qui n'est pas purement juridique. La punition du coupable est une exigence de la justice qui dépasse le champ des normes juridiques. Et la punition du coupable constitue un devoir du juge issu de cette justice.

Le *sollen*, implique la prescription d'un comportement déterminé et fait du droit un ordre contraignant[34]. Il ne doit pas épuiser l'esprit de la règle pénale, sinon cela constituerait une atteinte à la liberté et à la faculté de choisir, propre à l'être raisonnable.

L'homme n'est pas à dresser, comme la plupart des animaux. Il est destiné à recevoir une éducation (la *paideia*) sociale qui donne à apprendre les principes fondamentaux de la coexistence. L'homme doit donc s'exercer à choisir ce qui est bien pour la communauté, tout en étant conscient qu'il est capable d'accomplir son être en fonction du devoir-être qui lui est inhérent(la finalité qui est propre à sa nature). Et la loi lui fait sentir les conditions qui lui permettent de s'épanouir, sans entraves, en tant qu'être social, ce qui demande un certain respect pour les autres.

L'ordre en société représente avant tout l'ensemble des actions coordonnées de tous. Toute révolte individuelle qui vise à la destruction de l'harmonie sociale est réprimée. La règle pénale énonce à sa manière ce qui est officiellement désapprouvé, puisque perturbateur ou négateur de l'ordre. Nous savons à l'avance ce qui est permis et ce qui est interdit. Nous avons donc le choix, en tant qu'êtres responsables. En effet, il n'y pas de sanction, là où la responsabilité fait défaut. Or commander quelqu'un, c'est lui enlever le choix; c'est vouloir supprimer son libre arbitre. N'oublions pas que le commandement de l'autorité légitime enlève le caractère punissable de l'infraction(art.122-4 c.p.)

Il nous est alors impossible d'admettre que les énoncés du droit pénal expriment un *sollen* à la manière de Kelsen. Certes, il y a du normatif dans ce droit, mais celui-ci ne constitue pas exclusivement un ordre contraignant. Le droit implique, en effet, son acceptation par la conscience individuelle, et non pas son imposition. C'est la force qui s'impose et non pas le droit. Si le droit ne correspond pas au sentiment du juste qui est enraciné en nous-mêmes et qui lui accorde sa légitimité, un ordre purement légal ne saurait régner longtemps dans la société.

Il est certain, en outre, que le magistrat doit punir le coupable, mais cela relève plutôt de la déontologie de sa fonction, c'est-à-dire qu'il s'agit d'un devoir qui est inhérent à la tâche du juge en tant que serviteur de la justice. Il y a un *sollen* qui incombe au juge, pour punir le coupable. Mais ce devoir-être dépasse les exigences de la justice légale. La punition des nazis qui ont agi selon l'ordre normatif du 3ème *Reich* a été infligée au nom d'une justice non-écrite, d'une justice qui transcende la validité de la norme kelsenienne.

Sans souscrire à ses arguments, nous sommes assez proche de Villey. Ce dernier confond le droit conçu comme principe fondateur (*archè*) de l'ordre juridico-moral avec la solution juste trouvée par le juge. C'est pourquoi il néglige l'importance du *nomos* dans la recherche du juste. Il tire le droit de la nature des choses; c'est pourquoi la règle pénale, sous-estimée, ne pourrait avoir qu'un rôle "faible", indicatif.Pourtant, Aristote, sur lequel il s'appuie grandement, affirme que le droit (*dikaion*) existe là où les relations mutuelles sont réglées par la loi (le *nomos*), et la loi existe parmi ceux qui seraient susceptibles de commettre une injustice[35]. Il est néanmoins important de préciser que la loi grecque n'a pas cette portée normative que Kelsen accorde à la règle juridique.

Nous soutenons donc que la règle pénale n'implique pas un simple indicatif qui inspire faiblement le juge pour faire la part des choses. La règle pénale montre, au sens du verbe *deiknymi,* ce qui est injuste. En effet, ce verbe signifie faire connaître, proclamer, donner un modèle ou la représentation de quelque chose. Or la règle pénale incite les hommes à une certaine conduite, en signalant ce qui est juste et ce qui ne l'est pas; elle montre le chemin de l'éthique juridique en vigueur à suivre ; et les conséquences de la désobéissance. En ce sens-là, elle n'est ni purement normative, ni entièrement indicative, mais avant tout propédeutique: elle indique, en instruisant sur le pourquoi, le devoir-être.

Chapitre III.

Le Caractère Polémogène[36] du droit de punir.

I. Les dimensions du droit de punir

Il est incontestable que l'Etat moderne détient le pouvoir exclusif de punir les coupables. Tout acte de représailles privé, même s'il est juste, demeure illégal Toute infraction entraîne une punition, impliquant un procès et une décision judiciaire pour établir la légitimité de la punition.

Le mal infligé, même s'il s'agit d'une sanction, nécessite une justification adéquate pour être accepté par la conscience commune; d'où les finalités du châtiment, différentes selon les époques et les sentiments personnels.

Le droit de punir donne lieu, quant à son caractère, à des interprétations variées. Il y a des juristes, qui préfèrent parler d'un devoir de punir, sans rejeter le terme de droit de punir, afin de mettre en valeur la dimension morale de ce droit[37]

Le droit de punir peut être motivé par quatre dimensions: 1) la dimension cosmique qui, pour la culture occidentale, puise ses sources dans les Présocratiques et la tragédie hellénique; 2) La dimension réaliste ou utilitaire 3) la dimension idéaliste (Nous le rencontrons surtout chez Kant et Hegel); et 4) la dimension éclectique.

1. La nécessité du punir.

Le *cosmos* désigne l'être ordonné, porteur d'une harmonie traduite par les Hellènes, en termes de justice[38]. Il a ses propres lois devant lesquelles doivent s'incliner divinités et hommes. C'est pourquoi nous préférons parler de la nécessité de punir conçue comme l'exigence objective de l'ordre du monde, au lieu du droit de punir qui suppose une autorité bien définie.

Sous une forme anthropomorphique, la justice punitive s'incarne en *Némésis* ou en *Dikè* qui accomplissent cette nécessité. Il y a donc l'inévitable de la punition, c'est la conséquence du *chréôn* d'Anaximandre: ce qui doit arriver est inexorable[39].
Tout dépassement de la mesure cause un trouble de l'harmonie du *cosmos* et entraîne un châtiment senti comme rétablissement de l'ordre troublé. Ce dépassement traduit l'*hybris,* la faute objective, que les Erynies se chargent de sanctionner, selon la morale esthétique d'Héraclite.

Le pythagorisme est inspiré de la loi cosmique de la compensation fondement des métamorphoses de l'être. Celles-ci assurent sa perpétuité. Ce courant en fera une loi rétributive: l'*antipeponthos*.Celle-ci implique la nécessité de punir comme exigence de l'harmonie dérangée, celle du *cosmos* et celle de l'âme(car l'âme est un miroir microcosmique de l'image de l'univers[40]). En effet, l'*hybris*, ayant dérangé l'équilibre des éléments et des forces qui régissent l'être et ses étants entraîne impérativement le châtiment. Or la *Némésis,* remplissant cette exigence, rétablit tout ordre; elle *némei:* elle fait le juste partage et la répartition équitable[41], selon la progression du devenir.

Le temps joue en l'espèce un rôle primordial. Il est ontologique car il révèle la présence du crime(l'*hybris*) dans l'être du monde et prépare l'inévitable de la punition. Il témoigne de l'unité des moments du devenir qui, comme présent, transportent la mémoire du passé. Or toute manifestation du *cosmos* est conforme aux finalités de l'être. Tout arrive selon l'ordre du monde et du temps (*chronou taxin*).[42] La *tisis*, considérée comme une exigence de punition, est inscrite dans cet ordre en tant que loi cosmologique [43]

Dans l'univers tragique, la nécessité de punir reflète le destin du monde qui est assuré par des divinités tels les *Erinyes*. La *Moira,* la gardienne de l'être, Parque inflexible[44], leur a attribué cette tâche. Or l'exigence de punir voit dans l'*hybris* un outrage à l'essence du monde, et dans la punition une dette dont on doit s' acquitter[45]

Cette atteinte imprime donc l'être et devient mémoire ineffaçable, réclamant sans appel la nécessité de punir[46].

Le temps devient alors le messager du drame cosmique et de la destinée humaine. Il inscrit l'histoire du crime dans la présence de l'être, et le châtiment dans son devenir. Rien ne se perd dans l'attente du dévoilement de ce qui est et de ce qui devient. Le temps devient porteur de la *catharsis*..Oreste dira à propos de l'épée meurtrière d'Egisthe: "Le sang qui l' a taché travaille avec le temps à détruire ses couleurs multiples"[47]

A la base, donc, de la nécessité de se faire justice chez les personnages tragiques, il y a cette inspiration que tout forfait doit être payé, au nom de la rétribution, et là gît l'idée de mérite, à savoir la proportion juste entre l'acte injuste et sa sanction. A ce sujet, les paroles du Coryphée sont significatives: "Que tout mot de haine soit payé d'un mot de haine', voilà ce que la Justice, de chacun exigeant son dû (*toupheilomenon)*, va clamant à grande voix"[48]

C'est au nom de l'*opheiloménon* que Hécube, dans la tragédie homonyme, se vengera, avec la complicité d'Agamemnon, de la mort de ses enfants; c'est au nom de cette exigence de punir que Dionysos punira Penthée dans *Les Bacchantes*[49]*?*

L' idée de solidarité entre le tout et l'homme existe bien chez Platon. Aristote n'est pas étranger à cette conception. Même lorsque ces philosophes préconisent des châtiments pédagogiques (qui peuvent se résumer en mesures de préventions générale et spéciales), l'exigence de punir, comme fondement ontologique, n'est pas contradictoire avec celle-ci. Précisons que nous ne parlons pas de fins utilitaires de la punition, pour éviter toute confusion entre la morale punitive grecque et celle de l'utilitarisme moderne.

A l'opposé de l'utilitarisme moderne qui représente l'homme comme une unité individuelle et gouvernée par la force de ses plaisirs, l'hellène est conçu comme le présent dans la présence de l'être. Il participe, porteur d'un *noûs* (esprit), à ce qui est et qui devient sans cesse.Il est donc placé dans l'unité du temps qui n'est pas séparé, du point de vue ontologique, et contrairement au temps des utilitaristes divisé en passé et futur. Même dans le cadre de la cité *(polis)*, la sanction vient d'une exigence objective de punir qui veut attribuer à chacun ce qu'il mérite. Et là réside le noyau du *dikaion,* du droit grec.

On ne châtie donc pas seulement parce qu'une faute a été commise, pas seulement pour prévenir une récidive et dissuader les autres, mais encore parce que l'homme, comme étant de l'être, doit se concilier avec ce dernier au nom de l 'équilibre des choses. Si, notamment, le platonisme a donné lieu à des mauvaises interprétations de la part des utilitaristes et en particulier des disciples de la *Défense Sociale Nouvelle* [50], cherchons chez Sénèque leur origine. L'orateur romain a présenté un aspect fragmentaire de la philosophie platonicienne du châtiment, déformant par là sa véritable signification. De cette manière, Platon paraît comme celui qui prône uniquement le "*nemo prudens punit quia peccatum est sed peccetur*"[51]. Le monde intellectuel de Rome été certes influencé par l'esprit grec; toutefois, il n'a pas pu saisir le fond entier de leur pensée

2. Utilitarisme moderne et droit de punir.

Les temps modernes sont marqués par le rationalisme individuel qui devient créateur de l'ordre politique. L'homme, conçu comme présent dans la présence de l'être, est remplacé par la subjectivité pensante, le moi nommant les choses. La place de la contemplation *(theoria)* qui tendait à saisir le fondement de l'être, à partir de l' apparition de ses étants*(phainomena)*, cède sa place à la représentation des choses *(rea)* à partir d'un sujet. Le monde devient donc une image qui, loin de se dérouler comme présence dévoilée à l'homme-présent, désigne ce à quoi l'individu a possibilité de s'orienter, fixant le lieu d'existence de chaque objet; d'où la conception réaliste (de *rea)* du monde, dont est tributaire le droit de punir.

Thomas Hobbes patriarche de la pensée politique moderne en est un des représentants les plus fidèles de ce courant.

L'homme, est, pour le philosophe anglais, un ensemble de sens [52] qui joue un rôle considérable dans ses réactions; c'est pourquoi dans le désordre de l'état de nature, l'époque supposée être logiquement le début de l'humanité, l'individu agit selon la force de ses émotions.

Hobbes analyse l'homme comme s'il s'agissait d'un mécanisme complexe dont les fonctions peuvent être expliquées par un habile ingénieur. Pour exposer une doctrine politique autoritaire, il invente un pouvoir hégémonique incarné dans la personne du *Léviathan.* Seul ce monarque est capable de transformer le chaos en société ordonnée et de faire acquérir aux individus une conscience politique; cela au prix de la concentration sur sa personne, de tous les pouvoirs étatiques. Ainsi le souverain se définit principalement par ses droits et les citoyens par leurs devoirs.

Il va alors sans dire que le *Léviathan* détient, entre autres, le droit (*right*)[53]de punir selon les lois qu'il a créés.[54] C'est l'avenir en tant qu'histoire culturelle qui le préoccupe. Le droit, peu concerné par la justice morale, ne doit sanctionner que les actes illégaux. En effet, la justice a affaire au for intérieur de l'individu. Seule l' activité sociale fait l'objet du droit de punir.

Tributaire sans doute de la fragmentation du temps juridique, Hobbes donnera une dimension utilitaire à ce droit. Celui-ci vise désormais à la correction du coupable, à la dissuasion des autres, à la sécurité de l'ordre public, au maintien de la paix sociale etc. La rétribution (le mal du crime puni par le mal de la punition) est assimilée à la vengeance. Le droit de punir ne s'exerce que pour obtenir un bien utile et pragmatique[55].

L'homme, privé de l'être (car l'être va infiniment plus loin que le monde artificiel du *Léviathan*), devient par là l'objet de ce droit de punir, face à un sujet omnipotent. De cette manière l'homme est le reflet (une *res)* de la représentation du monde du souverain qui s'affirme comme le créateur de toute valeur. Le relativisme moderne et post-moderne doit une grande part à la doctrine de Hobbes.

Dans le même sillage du rationalisme individuel, nous rencontrons Locke qui se distancie pourtant de Hobbes par la moralisation de l'état de nature. En l'occurrence, Locke reconnaît, dans cet état, à chacun un droit de punir

La nature même l'a mis à la disposition des gens pour sanctionner la violation de ses lois[56]. Il s'ensuit que chez Locke, contrairement au père du *Léviathan*, le sujet porte des droits individuels et que le droit de punir en est un des plus importants.

Locke, confiant en la rectitude de la raison humaine dans l'état de nature, accorde une dimension utilitaire à l'exercice du droit de punir. Il reconnaît que chacun peut exercer ce droit naturel au nom de la conservation du genre humain et de la paix générale, autrement dit la sauvegarde de l'ordre [57]. D'autre part, dans l'organisation politique, le magistrat s'est vu conférer le droit de punir pour toute atteinte au bien public. Comme il s'agit d'un droit, il peut, en certains cas, pardonner le crime au coupable. Pourtant, il ne saurait éviter d'ordonner la réparation d'un dommage fait à un sujet.[58]

C'est donc à partir d'une base hypothético-logique que les temps modernes justifient le droit de punir placé entre les mains de l'autorité étatique. Toute légitimation de la punition s'opère par principe au nom du contrat social, panacée pour les troubles sociaux. Avec les Lumières, les variantes du contrat social atteignent leur apogée. Les argumentations de Beccaria, dans *Des Délits et Des Peines,* ne sauraient s'en passer[59].Les utilitarismes modernes et post-modernes seront marqués par ce matérialisme qui réussit le divorce entre l'esprit et le corps et centre tout sur les sens. Tout raisonnement est assis sur des concepts universels (on parle de l'homme, de la vertu de la liberté du bonheur etc), ce qui favorise le dogmatisme idéologique. Des philosophes comme La Mettrie et Helvétius, y trouvent leur compte. Le rationalisme subjectiviste de ces temps déforme les idées éthiques de l'Antiquité hellénique; leur contenu, étriqué, ne reflète que le fruit des émotions humaines[60]. Enfin, Bentham, tributaire du fond utilitaire de Hobbes et des analyses d'Helvétius, fondera le comportement du délinquant sur une arithmétique des plaisirs qui simplifie trop la psychologie de l'homme

Le droit de punir demeure, dans cette voie, tributaire d'une idéologie humanitariste, un moyen de politique criminelle. Dans son application, malgré tout, elle risque de causer des torts à la dignité individuelle, c'est pourquoi, la pensée "progressiste "de l'époque se soucie grandement de la sauvegarde de la personne humaine. Pourtant, cette personne ne traduit que l'aspect extérieure de l'existence, affirmation du je (*ego*), dépourvue de toute densité ontologique. Le droit de punir tend à rétablir l'ordre dans le désordre provoqué par les plaisirs; toutefois il s'adresse à la raison, et pour cause. L'utilitarisme confond plaisirs et raison; il affirme la relativité des choses, mais le droit punitif est étayé par l'efficacité de l'intimidation conçue comme loi invariable et universelle.

3. Idéalisme et droit de punir

A l'opposé de l'utilitarisme se trouve l'idéalisme qui ramène l'être à la pensée. Deux grands noms, surtout, retiennent ici notre attention: Kant et Hegel. Ils se distancient l'un de l'autre dans la mesure où le premier prône un idéalisme transcendantal et le second un idéalisme dialectique. Tous deux s'éloignent, en tant que subjectivistes, de l'idéalisme objectiviste de l'Antiquité. Kant et Hegel prennent leur point de départ dans une vision métaphysique du monde qui est donnée dans les représentations de l'homme. Le monde suppose un lien sujet-objet comme principe d'organisation.

Pour Kant, le "droit de punir est le droit du souverain envers celui qui lui est soumis de lui infliger une peine douloureuse en raison de son crime"[61]. Toute transgression de la loi publique constitue le crime. Cette loi est un impératif catégorique. Kant se révèle par là avocat du moralisme juridique. Sa philosophie punitive tire sa vigueur de l'obligation qu'a la raison d'obéir aux impératifs catégoriques.

La justice kantienne est un idéal abstrait, d'une rigueur qui ne connaît point de compromis. L'ordre moral où règne la dignité humaine prime de toute idée utilitaire, car juste et utile s'opposent radicalement. Le droit de punir s'exerce seulement pour le règne de l'ordre moral; d'où l'idée de rétribution comme le juste prix pour un acte injuste. La mesure de la peine doit être fondée sur l'égalité élémentaire, valeur fondamentale de la justice, car elle réalise l'équilibre de la balance judiciaire. C'est pourquoi Kant prône la loi du talion publique comme principe primordial de la justice.

Contrairement aux utilitaristes, ce philosophe vise au respect des principes qui composent l'idée de justice et non pas à ses finalités. Ainsi, à l'eudémonisme, il oppose un idéalisme axiologique, effleurant très souvent l'utopie, qui exige que chacun prenne conscience du mérite de ses actes, pour que l'humanité accomplisse sa destinée.

L'homme, doté d'une liberté historique (au sens qu'il possède le libre arbitre pour s'accomplir en être social) ne saurait être utilisé comme moyen. La dignité humaine l'interdit[62]. Cette dignité est pourtant fondée sur un apriorisme trop abstrait pour pouvoir déployer son importance.

La morale kantienne tend à supprimer tout finalisme, dans sa vue de ne pas considérer l'homme comme un simple objet. A notre sentiment, il est impossible de fonder une morale sans finalité. Kant fait d'une faculté intellectuelle de l'homme, la raison pure, une chose absolue, une sorte d'essence platonicienne[63]. Mais Platon situe le monde des idées au delà de toute subjectivité humaine

.

Les idées de Kant, comme celles de Hobbes, inclinent à l'absolutisme, mais par un chemin tout à fait différent. Pour le philosophe anglais, l'exercice illimité du droit de punir est justifié au nom d'une finalité utilitaire: l'ordre public. Pour le philosophe allemand, le droit de punir du souverain se met en pratique à partir du moment où l'on transgresse l'impératif catégorique, la loi pénale. Or ce que la loi commande est un devoir indiscutable.

D'autre part, chaque violation de la loi pénale, révèle l'échec de la raison humaine d'imposer ses devoirs à l'homme. Nous nous demandons alors comment il est possible d'obéir aux principes d'*a priori* d'une raison qui ne donne aucune explication de leur utilité. Nos actions sont toujours motivées par des finalités; seuls les actes imposés d'une manière dictatoriale ne nécessitent point d'explication. Il devient clair que le droit de punir chez Kant, poursuivant le règne d'un ordre moral, n'a pas tellement de réalité substantielle.

Le droit de punir chez Hegel[64] est appliqué, comme chez Kant, au nom de la réalisation d'un ordre moral qui réclame le respect de la justice et du droit. Le crime est présenté comme la violence qui vise à nier le droit. Or le droit de punir poursuit l'annulation de cette violation. Le crime étant la négation du droit, la sanction représente la négation de cette négation[65]. En effet, pour la volonté de l'homme lésé par le crime et pour les autres qui l'entourent, la violation est quelque chose de négatif. En revanche, pour la volonté du délinquant, cette violation est de tonalité positive[66]

Hegel ne considère pas ainsi la peine comme un simple mal nécessaire qui répond à un mal, le crime, mais comme une modalité d'annuler la violation du droit en tant que droit. [67]. Sous cet angle, le droit de punir exprime une exigence interne de justice qui est le respect du "mien", à savoir de la "capacité juridique"du sujet, pour employer les termes mêmes de Hegel[68]

Ce droit de punir, expression d'une volonté objective (volonté de la loi et non pas de la victime) permet de désigner la sanction comme acte de justice et non pas de vengeance. [69]. C'est pour le règne de l'ordre moral que le châtiment est appliqué. Le droit de punir est loin d'avoir un caractère péjoratif, parce qu'il implique la reconnaissance de la volonté libre, fondement de la dignité humaine.

Contrairement à Kant, Hegel ne conçoit pas le droit comme un ordre punitif et par là la peine comme une contrainte. Le crime est un acte délibéré qui exprime la volonté de son auteur. Celui-ci, en la commettant, accepte, d'une certaine manière, la sanction qui l'accompagne. Sous cet angle, le criminel prononce son propre jugement, puisqu'il a enfreint, en violant la loi, l'ordre moral qui l'accepte en tant que personne libre et responsable.

Moralisme et utilitarisme marquent profondément, par la suite, l'histoire de la philosophie pénale aux temps modernes et post-moderne. Les juristes ressentent la nécessité de justifier le droit de punir à partir d'un juste milieu qui traduit tant des finalités utilitaires, que le besoin d'une justice morale.

4. L'éclectisme[70]

Regardons le cas de l'école éclectique dont le principal représentant est Pellegrino Rossi. Dans son *Traité de Droit Pénal,* il s'efforce de concilier les deux rivaux, le juste et l'utile, pour établir une conception unitaire de la punition. On devient conscient qu'un droit de punir fondé exclusivement sur un moralisme rigoureux ou sur un pur utilitarisme, peut s'avérer dangereux pour l'humanité. L'un et l'autre, par les excès qu'il comportent risquent d'écraser la personne humaine.

Cette prise de conscience depuis, est ressentie en particulier, dans les pays anglo-saxons, où à partir de la fin du 19ème siècle, un grand effort s'effectue afin de démontrer que rétribution et utilitarisme doivent faire front commun. De cette manière, ils seraient à même de mieux confronter les phénomènes criminels et satisfaire aux exigences de justice sociale.[71]

Notons en l'espèce qu'il ne s'agit point d'un retour à la conception hellénique du châtiment. Les anglo-saxons s'efforcent de mettre en relief l'idée de mérite personnel dans l'application de la peine, pour éviter tout abus de force d'un droit de punir autoritaire. Mais en même temps, ils essaient de ne pas oublier les répercussions négatives qu'a le forfait et sur la personnalité du délinquant et sur la société. Ainsi, le droit de punir s'exerce tant pour remplir une fonction de justice idéale exprimée par un sentiment d'éthique sociale que pour réaliser certaines fins de préventions spéciale et générale.

. Il y a là, croyons-nous, un mélange du rationalisme kantien et de l'utilitarisme benthamien qui trouvent une nouvelle expression à travers un humanisme inspiré par les droits de l'homme[72]. Dans cette perspective, le droit de punir s'exerce au nom d'une réparation qui n'exclut pas totalement l'idée de répression morale et qui peut aller directement jusqu' à la moralisation du coupable et indirectement jusqu'à à celle de la société. Tout a son origine dans l'idée que la punition est certes un mal, mais nécessaire.

II. Le *polémos* et le droit de punir

Il existe un point commun dans les différents tableaux du droit de punir que nous avons exposés: le but de réaliser la paix *eirénè,* au sens propre et figuré. L'*eirénè* se situe aux antipodes de la guerre et représente un idéal pour l'épanouissement de tout étant animé de l'être, et de l'être lui-même. Chez les Hellènes, l'exigence de punir opère au nom de la restauration d'une harmonie troublée dans l'univers et dans l'âme de l'individu. Elle revêt l'office d'une lutte contre tout élément d'anarchie, en tant que défense juste et naturelle pour le maintient du *cosmos:*: l'ordre et la beauté. De même, pour les courants qui soutiennent un moralisme punitif, le droit de punir “déclare la guerre “à toute volonté rebelle qui tend vers le désordre du crime. Dans l'idée de punition, il existe l'idée de la défense de la dignité humaine blessée par un forfait indigne. Le caractère polémogène du droit de punir révèle la guerre au nom de l'innocence de la victime contre les mauvais effets
de l'acte coupable.

Toutes ces thèses,développées en effet autour du droit de punir, visent à justifier le droit de punir et à légitimer sa fonction répressive. C'est un fait que la répression constitue la raison d'être de ce droit, au-delà de nuances morales et utilitaires. Elles ne sont donc que des données extra-légales; chaque juriste, théoricien ou praticien, interprète cette raison d'après ses sentiments. En revanche le droit de punir possède une nature et une mission juridiques. Il tire sa force du code pénal qui a la portée d'un constat: il définit les délits et les peines qui les accompagnent Cette portée traduit une réaction contre l'action délictueuse. Or le droit de punir est un moyen de défense contre une action destructrice de l'ordre, individuel ou social, d'où son caractère polémogène. En d'autres termes; le droit de punir témoigne d'un état de lutte ou de guerre contre toute violation qui menace l'intégrité de l'homme ou celle de la communauté.

1. Le cas d'Héraclite

Héraclite fait de la lutte, du *polémos*, l'origine de toute chose. Dans ce sens-là, sa cosmologie est une polémologie(le devenir se déroule dans le conflit des contraires, et tout étant se détermine d'après leur issue). Le darwinisme fait de la lutte un phénomène de la vie. La vie humaine est une lutte perpétuelle pour sa sauvegarde et son épanouissement. Le *polémos* s'inscrit donc dans l'ordre des choses comme fils conducteur des trois lois naturelles: la destruction, la régénération et la construction.

Le *polémos* indique certes une riposte agressive mais légitime, à la violence, et certaines fois recommandée, car il vise à rétablir l'ordre dans l'anarchie.

Dans cette voie nous inscrivons la mission du droit de punir. Or tant chez l'homme que dans la vie sociale, cette sorte de *polémos* constitue un *primum movens* contre toute agression; c'est une question de défense. et en même temps d'un retour à l'équilibre des choses.

2. Les modernes

Dans les conceptions utilitaires du châtiment, la présence de *polémos* est encore plus marquée. En effet, l'infraction implique un conflit entre l'intérêt du délinquant et ceux de la société. Elle constitue une atteinte à l'ordre public et à la tranquillité sociale, bref à l'*einénè* générale. En ces circonstances, tout trouble illégal entraîne l'application du droit de punir. L'idée même de contrat social implique le caractère polémogène du droit de punir qui traduit un moyen efficace pour la paix commune voulue par la volonté générale.[73] Ce droit désigne notamment celui qui a rompu avec la solidarité de tous. Suivant les idées de Rousseau, nous pouvons dire que la volonté même du délinquant exige l'application de ce droit à son encontre. [74]

Notons enfin que la caractère polémogène du droit de punir est encore plus flagrant dans les écoles utilitaires dites de défense sociale. Ferri, Von Liszt, Van Hamel, M. Ancel fixent comme but du châtiment la défense sociale[75].

3. Le *polémos* et le droit humanitaire

Si nous nous rapportons à l'actualité de notre temps, nous verrons que ce rapport dialectique entre le *polémos* et l'*eirénè* apparaît dans la conception de la sanction au niveau international.

Pour la première fois depuis Nuremberg, à la Haye, un tribunal international jugera les violations serbes du droit humanitaire [76]. Sa création est inspirée par le souci des Nations unies de la paix internationale. Dans la guerre de l'ex-Yougoslavie, il s'est avéré que l'idée de droit était complètement bannie par les belligérants. Ainsi, l'*"utilisation de la justice au service de la paix*"[77]peut se réaliser par le jugement et la punition de ceux qui ont violé le droit humanitaire[78]. A cet effet, on a créé un petit bâtiment de vingt-quatre cellules dans l'enceinte de la prison de La Haye, considéré comme la première prison des Nations unies. Certes, le Conseil de sécurité accentue le caractère dissuasif de ce tribunal; il n'empêche pas moins qu'une éventuelle réconciliations des ethnies ne saurait s'effectuer"*sans justice*"[79]. Or le caractère polémogène du droit de punir révèle le licite de son application: le juste prix revenant à l'atrocité, prix qui se traduit par la punition du coupable, et non pas la gratuité injuste de l'amnistie,(fin de politique utilitaire, mais en même temps un moyen de retour à l'ordre). Le *polémos,* déclenché donc par ce droit, ne relève ni d'une moralité métaphysique, ni d'une idéologie utilitariste. Il tire sa force et sa légitimité des rapports tissés entre bourreaux et victimes, tendant à attribuer à chacun son dû, selon le mérite de ses actes.

III. Conséquences du caractère polémogène du droit de punir.

L'illustration du caractère polémogène du droit de punir, nous mène à conclure que:

-Le droit de punir n'a pas un rôle passif. Il ne se contente pas d'appliquer un châtiment rétributif, au nom d'une justice morale dont le contenu est très souvent difficile à préciser; d'où le reproche que l'on lui fait d'être un moyen dictatorial pour imposer, au nom d'un ordre irréel, une sanction barbare et inutile.

. -Il n'est pas un simple moyen de politique criminelle pour réaliser des finalités contingentes et des expédients utilitaires. Ceux-ci font, pour la plupart du temps, l'objet de critiques sévères puisqu'ils travaillent contre l'intégrité physique et morale de l'homme; bref, ils déshumanisent le monde.

-Le caractère polémogène du droit de punir confirme l'idéal du règne du droit et du respect de la loi en société[80] ; ce qui est exigé par la conscience collective. Ce droit de punir sanctionne ainsi une défaillance vis-à-vis de l'éthique sociale qui se reflète dans les lois et non pas celle de la conscience morale subjective.[81] En effet, une législation positive ne saurait être longtemps maintenue en vigueur si elle n'accueillait l'approbation de la communauté qu'elle régit.

Ce caractère donne à comprendre la nature phénoménologique du délit d'aujourd'hui qui est déterminé comme une actes socialement réalisable, allant contre des valeurs protégées par l'Etat. Il est ainsi différent du devoir de punir qui sanctionne toute atteinte aux préceptes et aux dogmes visant à la réalisation du *suum bonnum* de la vie individuelle et sociale[82]. Ce dernier, propre aux sociétés traditionnelles ou théocratiques, a perdu son pouvoir en notre monde. La conception du code pénal suppose certainement un minimum de moralité, à savoir qu'il reflète un minimum de discernement moral du législateur. Le droit pénal n'est pas, à notre avis, fondé sur la morale dans le sens que:

a) la morale qui sanctionne, suppose l'acte délictueux, alors que le droit le crée ; donc la morale précède et le droit suit;

b) la morale annonce impérativement une interdiction afin de prévenir la perpétration de l'acte pécheur. Elle exige la conformité de l'individu à une certaine conduite censée être valable de tout temps. Elle vise ainsi à réaliser un idéal; c'est pourquoi le temps qui intéresse la morale est le futur. Par contre le droit pénal permet de constater la défaillance du comportement humain aux données sociales qui ne sont ni stables ni universelles. Sous cette optique, le droit répressif est le droit de l'"échec"et il suppose par là un temps passé:il ne sanctionne aucune infraction qui existe en projet dans l'esprit humain. L'élément matériel est une condition *sine qua non* de la constitution du crime, contrairement à la faute morale ou le péché qui peuvent être commis par la seule pensée ;

c) la maxime *nulla poena sine culpa*, est une condition indispensable à l'individualisation de la peine. Pour la morale, il n'en est pas toujours ainsi. Il existe le cas de la punition de l'innocent pour l'expiation d'un crime: la Sainte passion du Christ.

d) pour la morale, la maxime fondamentale est *nulla culpa sine poena,* alors que pour le droit, c'est *nullum crimen nulla poena sine lege.*

Par son caractère polémogène alors, le droit de punir nous porte à croire qu'il est exercé afin de résoudre un conflit de valeurs; celles qui ont motivé le délinquant de commettre l'infraction; et celles qui s'y opposent et sont protégées par le droit pénal. En d'autres termes, il y va du conflit entre l'individuel et le général. Or le *polémos* révèle que d'autres valeurs, adoptées par le délinquant, l'ont emporté sur celles garanties par la loi et que ce délinquant n' a pas respectées, sans probablement les avoir reniées. Dans cette perspective, le droit de punir se met en jeu, indépendamment du fait que le criminel s'est défait du respect universel auquel nous contraignent nos sentiments moraux.

IV. L'intention phénoménologique.

L'idée de conflit de valeurs entre l'individuel et le général est renforcée par la théorie de l'intention objective que nous pouvons dégager de la jurisprudence. Au fond, il s'agit d'une intention qui est tirée de l'élément matériel de l'infraction et attribuée par là au coupable. Souvent, elle cache la non-intention de ce dernier d'enfreindre la règle pénale qui incrimine son comportement. Le juge retient alors une intention phénoménologique, le "comme s'il"a voulu se comporter de la sorte, qui témoigne de la prévision d'un risque de causer le résultat prévu par le code pénal. Or le droit de punir en question sanctionne celui qui a voulu assumer le risque de se comporter à la manière de celui qui a eu vraiment l'intention de commettre le délit. Empruntons-en un exemple à la jurisprudence.

Il s'agit ici d'une cassation contre un arrêt de la Cour d'appel de Rouen, Chambre des appels correctionnels, en date du 1O mai 1978 qui a qualifié l'acte délictueux d'homicide involontaire[83]. La Cour de cassation casse et annule l'arrêt de la Cour d'appel de Rouen “aux motifs...qu'il s'agissait bien du délit d'homicide involontaire et non du crime de coups et blessures volontaires ayant entraîné la mort sans intention de la donner dès lors que le demandeur qui tirait sur J.....avec son fusil de chasse, croyait qu'il n'était chargé que de cartouches à blanc, qu'il a en effet déclaré au cours de l'information qu'il avait tiré deux coups de feu en direction de la victime car, sachant qu'il avait retiré les plombs des cartouches, il a pensé qu'elle ne serait pas atteinte et précisément qu'il n'avait jamais eu l'intention de tuer ni de blesser, mais seulement de faire peur".

La Cour pourtant remarque que l'infraction de l'article 3O9 du code pénal (actuellement de l'ancien code) qui concerne les coups et blessures volontaires"est constituée dès qu'il existe un acte de violence, quelque soit le mobile qui a inspiré cet acte et alors même que son auteur n'aurait pas voulu causer le dommage qui en est résulté".

L'intention objective est le fruit du positivisme juridique qui opère la dichotomie entre être et devoir-être, faisant de ce dernier une valeur nominaliste. Le droit pénal implique, en effet, un système de valeurs considérées comme nécessaires et suffisantes pour son fonctionnement. Et à partir du moment où la valeur est censée ne pas être dans l'être, mais en lui étant attribuée, toute appréciation axiologique dépend de l'accroissement de celui qui la pose. Donc celui qui la pose, en consolidant sa position par des sanctions, représente la volonté de puissance. Cette sorte de vouloir signifie ordonner. Or celui qui ordonne est maître en connaissance de cause ; il a le choix de disposer des possibilités de l'action efficace, d'où le pouvoir d' expliquer un comportement d'après ses critères de maître.

Cette conception du droit pénal fait de lui le perpétuel changeur et médiateur des valeurs. Il pèse et évalue constamment, à partir des situations phénoménologiques, sans explorer le fond des choses et pour cause. Il fonctionne à partir d'un devoir-être extérieur à leur fin inhérente, devoir-être qui leur sert également de fondement. Il renverse par là l'éthique juridique ontologique (notamment celle des Anciens) qui voit dans l'être toute expression d'appréciation et de valeur de ses étants. Il existe alors un péril: le divorce entre la réalité humaine et le devenir social où elle se manifeste. Il y a le danger de la création d'un double langage et d'une incompréhension entre l'homme et les autorités étatiques, dont le seul moyen de communication désespérée s'effectue à l'aide de la sanction. Tel est le cas du pénal qui sanctionne l'éthique. Voici un fait divers qui peut éclairer nos propos

Le samedi 28 mai 1988, la Cour d'assise du Val d'Oise a prononcé une peine de trois ans de prison avec sursis à l'encontre de Mr.P...B..., d'origine malienne, et de ses épouses, reconnues coupables de "coups et blessures volontaires ayant entraîné la mort sans intention de la donner"[84]. En effet, leur fille était morte d'une anémie à cause d'une hémorragie consécutive à une excision, suivant le rite traditionnel de son pays.

Au cours des débats, il devenait de plus en plus évident que le problème à résoudre ne concernait que le prix à payer d'une tradition, dont la pratique aboutissait à la violation, au delà de toute intention coupable, de certaines valeurs protégées par le droit pénal. En effet, l'avocat général a reconnu que les accusés n'avaient eu l'intention ni de porter des coups criminels ni de faire un autre mal. Malgré tout, il a demandé une peine de cinq ans de prison avec sursis, en expliquant qu' il faut une peine suffisamment significative pour affirmer que l'excision pratiquée sur sol français est un acte criminel -et il ajouta- "Mais je sais qu'en ce domaine la répression ne suffit pas "

Adopter l'intention objective, comme l'élément objective de l'infraction, risque d'aboutir à une sanction irréaliste: son application ne justifie aucune utilité pragmatique. Elle peut donc être assimilée à une mesure de représailles qui ne satisfait toujours pas aux exigences de la justice.

Une mise en pratique systématique de cette intention, surtout lorsqu' elle affecte le principe de causalité entre l'acte délictueux et l'effet produit,conduirait à une pléthore d'incriminations; des graves perturbations ne seraient pas improbables, du fait que chacun aurait le droit de tenter un procès très facilement contre les autres. D'autre part, le principe de l'intention objective incline à déresponsabiliser l'homme, à déprécier l'autonomie de sa volonté et à nier sa personnalité.

Nous avons ainsi relevé, aux Etats-Unis, le cas d'un fabriquant de cigarettes qui a été reconnu partiellement responsable de la mort d'un fumeur. Notamment, le tribunal a accordé une somme importante d'argent, en guise de dommages-intérêts à la veuve de la victime qui est morte d'un cancer, après avoir fumé pendant une quarantaine d'années[85].

De quoi le fabriquant était-il fautif? Il n'a nullement essayé de tromper le consommateur concernant les mauvais effets du tabac. La victime en était consciente.

Elle avait donc assumé la responsabilité de ses actes. C'était une question de libre choix.

Dans des situations pareilles, intervient une question morale qui concerne les liens existant entre le malheur personnel et l'action des autres. Le juge ne doit pas négliger son importance, chaque fois qu'il doit prendre une décision. Un arrêt de la Cour d'appel relatif à un suicide, cause indirecte d'un accident, a bien voulu nous le rappeler: la Cour a qualifié le fait d'homicide involontaire et retenu la responsabilité civile:

"Le fait que l'accident survenu à une personne qui s'est ensuite suicidée n'ait été que la cause indirecte et partielle de son suicide ne suffit pas à écarter l'existence d'un préjudice direct dont peuvent se prévaloir les ayant droits".[86]

La prudence et la circonspection doivent toutefois guider le juge, lorsqu'il se trouve en des cas semblables. Cette sorte de jurisprudence incline à une inflation de procès, tout en dévalorisant le sens de notre responsabilité qui motive nos activités, sous prétexte que "la faute soit aux autres".[87]

Chapitre IV.

Le fondement synallagmatique de la punition

I. Une sémiotique de l'échange

. Dans *La Généalogie de la Morale,* Nietzsche remarque: “Mais comment est venu au monde cette autre ' affaire lugubre', le sentiment de culpabilité...?- Nous voici donc revenus à nos généalogistes de la morale.....Ces généalogistes de la morale ont-ils jamais entrevus jusqu'ici, ne serait-ce que vaguement, que le concept de "*Schuld*" (faute) par exemple, concept fondamental de la morale, remonte au concept très matériel de ' *Schulden*' (dettes)? "[88]Et il continue “"....on punissait par colère, du fait qu'on avait subi un dommage et l'on passait sa colère sur l'auteur du dommage... Cette colère se trouvait limitée et modifiée par l'idée que tout dommage trouve son *équivalent* d'une façon ou d'une autre et peut être réellement compensé, serait-ce par une *douleur* infligée à son auteur. D'où a-t-elle tiré son pouvoir cette immémorable idée, profondément enracinée,aujourd'hui peut-être inextirpable, d'une équivalence entre dommage et douleur? Je l'ai déjà dit: du rapport contractuel entre *créancier* et *débiteur*.... Et qui ramène à son tour aux formes fondamentales de l'achat, de la vente, de l'échange, du trafic”[89].

Pour le philosophe allemand, dans l'idée de punition, il y a la logique de la compensation et de la satisfaction qu'on accorde au créancier pour le rembourser et le dédommager. Cela veut dire notamment que le châtiment traduit une sorte de contentement de "pouvoir exercer sans retenue sa puissance sur un impuissant"[90] Or la sanction infligée au débiteur implique la participation du créancier"*au droit des maîtres*"[91].

Nietzsche place la morale punitive dans le domaine des obligations[92]. L'homme délinquant est avant tout celui qui viole les contrats, qui brise les liens qui l'attachent à la communauté. Le droit, et par là le droit punitif, est fondé sur l'échange et la dette, car toute chose a un prix à payer[93].

Le fondement de la peine est originairement synallagmatique; ce qui implique un ordre de communication, donc plus d'un acteur, et un comportement qui réalise substantiellement l'intention en actes.

Le vocable de synallagmatique vient de la famille de *synallagma* et de *synallagè,* qui indique l'échange dans les relations, ou la relation d'affaire. Ils ont trait aux *nomismata* (l'argent) ou aux *pragmata (*les choses à négocier). D'où l'idée de pacte, de convention ou de contrat, donc l'accord entre les parties dans un enjeu, et plus encore l'idée de réconciliation en cas de conflit[94]. Une mesure commune aux acteurs est alors nécessaire, qui se traduit principalement, par une valeur d'évaluation ou d'estimation, donc par une valeur de prix. Or la peine, dans la littérature grecque, a aussi le sens de la compensation ou de la récompense[95]. La *poinè* a donc une valeur de monnaie d'échange. Elle représente la rançon pour un crime, ce qui a comme conséquence la délivrance[96]. L'adjectif *poinimos*[97] signifie "de paiement", qui récompense, d'où l'idée de vengeur qui se sert du châtiment, et par conséquent, la conception de la peine comme le prix à payer pour le crime commis.

Il y a aussi un autre terme qui traduit cette idée. Il s'agit du *lytron,* la rançon ou salaire, du verbe *lytroô,* délivrer contre une rançon, payer ce qui est dû[98]. D'où le *lytrôtès,* le rédempteur, celui qui rachète la faute, comme le Christ, dans la religion chrétienne. Or dans un sens figuré, ce vocable acquiert une coloration morale.

Nous voyons donc que la peine a trait à la transaction; ce qui n'était pas le cas seulement chez les Hellènes, mais aussi en d'autres civilisations anciennes. A titre indicatif, prenons les peuples qui ont vécu en Mésopotamie[99]. Pour des forfaits tels que le vol ou d'autres délits contre la propriété, la peine représentait un dédommagement qui pouvait dépasser 30 fois la valeur du bien volé. Bien qu'on ait prévu, pour les faits les plus graves des peines corporelles comme la mutilation, le rachat de la peine était envisageable. En Assyrie, par exemple, la peine pour homicide pouvait être rachetée par la famille de la victime. Si l'on n'arrivait pas à une transaction, le coupable subissait le supplice extrême[100]. Le fait que le droit était considéré comme d'origine divine n'est pas contradictoire avec le fondement synallagmatique de la punition[101]. Il s'agit d'une question de rapports entre origine et structure. La première est de nature métaphysique, la deuxième relève de l'ordre humain (rationnel). Ainsi, dans le domaine de l'application de la peine, la règle dominante est de caractère synallagmatique: proportion+chiffre = mesure[102].

La loi toraïque établit un ordre synallagmatique pécuniaire[103] pour des délits moins graves. Mais en cas de meurtre, il n'y a point de composition en guise de sanction:"Vous, n'accepterez pas de rançon pour la vie d'un meurtrier qui est passible de mort, mais il sera mis à mort"[104]. Ceci parce que "Celui qui verse le sang de l'homme, son sang sera également versé, car Dieu a crée l'homme à son image"[105]. Le meurtre représente alors une atteinte directe à la personne de Dieu.

Il s'agit néanmoins du fondement synallagmatique, qui, sous une autre forme, implique une mesure élémentaire: la loi du talion ou la réciprocité absolue dans les échanges. Le sang qui est répandu exige le sang de celui qui l'a versé[106]. Et la morale métaphysique de la loi hébraïque s'exprime à travers cette réciprocité. Nous voyons donc là la nature rétributive de la peine qui est au delà de tout caractère passionnel ou utilitaire. Autrement dit, le fondement synallagmatique du châtiment traduit le souci d'un traitement égalitaire des parties en litige, ce qui constitue la juste mesure dans les rapports d'échange[107].

L' expression métaphysique et l'expression rationnelle du fondement synallagmatique ne sont pas contradictoires. Nous le voyons fort bien à l'époque de Dracon à Athènes, où l'homicide volontaire ou involontaire entraînait le prix du sang(verser du sang pour le sang versé). Toutefois, la famille de la victime moyennant un paiement, le prix du sang (un *wergeld*) accordait le pardon.

Aristote, plus que les autres, fondera la justice sur les *synallagmata*. Certes, le *nomimon* (ce qui est conforme aux lois) est juste mais d'une certaine façon (*pôs*)[108]. Le droit est aussi l'égalité dans les rapports, dans les relations avec autrui. Le droit se définit par rapport à certains individus et à certaines choses, selon des proportions qui se traduisent en termes d'égalité dans les échanges[109].De cette manière Aristote assoit la justice criminelle (*diorthotikon dikaion)* sur la proportion arithmétique qui domine les *synallagmata* de plein gré ou malgré soi, comme le vol, l'adultère le meurtre etc. La fonction du juge relève de l'ordre pragmatique tout en considérant la victime et le coupable, l'un comme débiteur, l'autre comme créancier, afin d'administrer la justice. Autrement dit, il doit mesurer l'importance du tort subi par la victime.[110]. Dans cette direction, le juge considère les personnes en cause comme égales (proportion arithmétique) afin de déterminer la nature du dommage réel et appliquer la peine. Or le châtiment représente, au sens figuré, le prix d'une dette, ce qui est dû à la victime. Certes les tonalités morales ne sont pas moins absentes, mais l'estimation vient des appréciations sociales: le dommage est évalué en outre d'après les répercussions de l'infraction sur les affaires de la cité. [111].

Le Stagirite insiste sur le fait que, en ce qui concerne la justice sociale, c'est le droit politique qui est en jeu[112]. Or, le problème de l'injustice et de la punition ne se pose substantiellement que lorsqu' il y a des échanges, des rapports au moins entre deux personnes.

Outre cette dimension sociale de l'échange, nous avons également celle qui témoigne des échanges dans les éléments naturels de l'être. Il s'agit des échanges ontologiques. Les idées de crime et de châtiment y sont directement liées. Il est donc important de remonter dans le temps, à l'époque présocratique, pour voir comment elles y apparaissent. Les pythagoriciens, Anaximandre et Héraclite nous offrent, dans leur morale esthétique, des renseignements fort intéressants. En effet, toute saisie de l'être est d'expression esthétique, et tout étant(mode de l'être) puise là ses racines. La *physis* (la nature) est un *cosmos*: ordre harmonieux La cosmogonie acquerra plus tard, surtout avec Socrate une dimension hautement morale. Ainsi le *kalon* désignera à la fois le beau et le bien.

II. L'esthétique pénale

La cosmogonie pythagoricienne est en effet le fruit de la disposition des nombres. L'être relève de l'art numérique, et lorsque l'homme cherche sa purification, il l'obtient au moyen de la musique[113]. De son côté, Anaximandre place la raison d'être de la justice punitive dans le devenir cosmique (dans ce qui vient à apparaître). La loi de la naissance et de la destruction arrive selon une nécessité de l'ordre du monde (*chréôn*), donc esthétique. Tout dépérissement est dû à une sorte de châtiment imposé par cette nécessité. Anaximandre emploie un langage métaphorique pour exprimer que les transformations des éléments naturels sont senties comme une sorte d'injustice (*adikia)* et réclament le paiement, la *tisis*. Autrement dit, la transformation porte atteinte aux étants présents qui sont en accord (*dikè*, la justice est conçue ontologiquement comme une harmonie, ou bien un accord)[114]. La *tisis* est le tribut de l'échange; ce qui s'offre en échange, un *synallagma* naturel. Or, l'idée de *synallagma* est bien présente dans la cosmodicée.[115].

Le fondement synallagmatique de la peine est encore plus caractéristique dans la cosmogonie d''Héraclite. Celui-ci voit, dans l'ordre du monde un mouvement éternel de ses éléments(les étants de ce qui est). L 'élément fondateur de l'être est le feu. Celui-ci se déploie en mesure et s' éteint selon la mesure [116]. Toute

transformation est donc tenue au feu, qui, conformément aux exigences de la mesure,
donne naissance à des éléments nouveaux, à partir des disparitions des éléments anciens. Tout est question d'*antamoibè,* d'échange; rien ne se perd.

L'*antamoibè* témoigne ainsi de la présence des échanges dans la cosmogonie; elle passe après dans le domaine de la cosmodicée. Voici ce que nous voulons dire par là:

L' *antamoibè* est le synonyme de l'*antameipsis* qui veut dire compensation. Le verbe *antamoibomai* signifie échanger, payer en retour, traiter quelqu'un d'une certaine façon en échange d'une autre[117] et plus précisément, rendre à quelqu'un le mal pour le mal[118]. Et là résident les fondements de la rétribution. Ils sont inscrits dans l'ordre des choses qui composent l'univers. La rétribution est à la base du principe des échanges des éléments, donc des transformations naturelles qui font que l'être du monde *est.*

La peine est donc une sorte d'*antamoibè,* et passera dans l'éthique hellénique, tout en gardant cette qualité, comme rétribution. Nous le voyons fort bien dans la tragédie grecque où le crime, *l'hybris,*constitue une injustice non seulement envers la victime mais aussi et avant tout envers l'univers; c'est pourquoi, le châtiment exigé revêt la forme d'une *tisis* ou d'une *dikè,* justice punitive qui s'impose au nom du rétablissement de l'ordre dérangé. La sanction fait preuve d'échange pour le forfait; c'est le *synallagma* mérité, d'où la définition général du droit grec de *dikaion dianémitikon:* le droit qui distribue à chacun selon son mérite.

Ceci établi, nous pouvons soutenir que le châtiment vient d'une philosophie "fondamentaliste": celle qui s'interroge sur les principes (*archai)* qui servent de fondation à l'existence du *cosmos.* Il est caractéristique que chez Parménide, la *Dikè polipoinos,*[119]*(*qui cause beaucoup de peines) se présente comme la gardienne de l'être[120]

La punition possède par suite un caractère ontologique car les *synallagmata* (les échanges) concernent les étants, à savoir les modes d'être de *ce qui est.* Son application dans l'ordre social demande une justification éthique, afin qu'elle soit acceptée par la conscience du peuple. Or il ne faut point confondre fondement et finalité. Le premier est défini à partir des éléments propres du châtiment[121], éléments qui ne contredisent pas la cohérence interne de l'idée de punition lors de son apparition et dans sa trajectoire diachronique. La finalité en est la conséquence et donne lieu à des exégèses, selon les sentiments des personnes, les contingences sociales et politiques, bref, utilitaires. D'où la pluralité des opinions concernant la téléologie pénale (intimidation, prévention générale, prévention spéciale, élimination ou resocialisation du coupable, réparation morale ou satisfaction d'un sentiment de vengeance etc).

Ces réflexions nous incitent, d'autre part, à conclure que la punition conçue comme l'effet de l'échange ou du fondement synallagmatique relève de l'essence même de la rétribution. Par contre, les finalités de la peine (ou la téléologie pénale, la partie de la philosophie pénale qui étudie le but du châtiment) relèvent d'un ordre volontariste et nominaliste. Or, toute qualification utilitaire du châtiment de la part de la volonté humaine ne saurait affecter le fondement de la peine. Donc dire que la rétribution est une fin barbare de la punition équivaut à rejeter l'idée même d'échange et nier par là l'être et son devenir.

Chapitre V.

Punition et Désobéissance au Droit.

I. Définition et typologie

La sanction représente le prix de la violation ou de la désobéissance au droit. La violation signale "un faire contre", alors que la désobéissance indique "un ne pas faire selon". La première a un sens actif, elle suppose une action qui va contre le droit; la deuxième dénote une résistance à ce que le droit commande. Ainsi la violation se différencie de la désobéissance comme l'action de l'omission.

La désobéissance implique alors une résistance au sens d'un refus de se laisser influencer par la volonté d'un autre, et non une opposition à la force par la force. Elle est donc plus proche de la résistance passive que de l'active. Sous cet angle, elle ne saurait être assimilée ni à une rébellion ni à une révolte. Ces derniers termes impliquent un soulèvement pour renverser certaines institutions ou valeurs.

Par désobéissance au droit, nous faisons allusion au cas où on évite d'accomplir un droit légal(la loi positive par ex.) puisque jugé comme injuste. On se donne donc comme devoir de ne pas le suivre. Il s'agit très souvent de l'application la loi positive que le citoyen considère comme opposée au droit naturel ou au sentiment du juste qui est enraciné en son coeur

1. Désobéissance civile

Raymond Polin appelle cette obéissance "civile", car"elle est le fait d'un citoyen qui demeure fidèle au cadre des institutions et des lois, qui veut être un membre de la Cité, mais qui refuse d'obéir à telle ou telle loi, en justifiant son refus et en acceptant toutes les conséquences pénales"[122].

La désobéissance civile, posée en termes juridiques, ne relève pas moins de la philosophie ontologique, car l'individu est constamment en quête de son identité, l'*alèthéia* de son être. Donc pour voir clairement ce qu'est son existence, il faut s'interroger sur la finalité de ses actions. Les actions aléatoires sont souvent des actions désordonnées qui mènent au chaos existentiel. Le droit a comme but de nous aider à vivre en harmonie tant avec nous-mêmes qu'avec les autres. Il contribue à la plénitude de notre vie. Un droit qui viole l'intégrité intellectuelle de l'homme n'est qu'un impératif de force.

Deux notions sont, en l'occurrence, appelées à jouer un rôle fondamental: celle de l'autonomie du jugement et celle de la conviction morale. En effet, la désobéissance suppose par principe le conflit entre deux droits, le droit étatique, issu des lois et des décisions judiciaires, et un autre droit considéré par l'homme comme supérieur au premier. Or l'homme juge ce qui est droit d'après l'expérience qu'il a vécue et les valeurs qu'il a adoptées, dépassant souvent le niveau étatique. Il opère ainsi une dichotomie entre le légal et le juste qui composent la totalité du droit. La désobéissance vient alors d' une considération morale du droit qui doit juger à son tour l'individu. Elle est le fruit du devoir-faire, principe certes juridique, mais aussi existentiel, car l'honnêteté et la dignité humaines n'autorisent pas l'homme à agir s'il n'est pas convaincu de la rectitude du droit prescrit.

2. Désobéissance naturelle

De cette désobéissance, il faut distinguer celle dont parle Hobbes dans le *Léviathan*[123].

Il ne s'agit ici ni d'un problème moral[124] ni d'un problème juridique, mais d'une question de principe. La conservation de soi est une loi naturelle qui donne la priorité sur tout autre obligation à accomplir. C'est un droit naturel inaliénable que d'essayer de préserver sa vie coûte que coûte. Or lorsque la vie de quelqu'un est en danger de mort ou en grand péril, il peut s'autoriser à la défendre même s'il viole la loi étatique ou une décision légale. Ainsi, même si l'on a fait serment d'obéir aux lois civiles, même si l'on est condamné à mort pour un crime qui mérite ce supplice, il est légitime de vouloir échapper à l'exécution de la sentence, comme il est légitime de la part des autorités étatiques et du peuple, au nom du bien commun, d'exiger que justice soit faite.

Il y va d'un cas de désobéissance qui dépasse la cadre de la moralité et de la légitimité du droit. Cette désobéissance se situe au niveau du conflit de forces. Le plus fort ou le plus astucieux gagne: l'Etat ou le condamné selon les circonstances. Nous voyons donc que l'on peut demeurer fidèle aux institutions étatiques sous condition. Si on les viole, c'est pour éviter des conséquences pénales graves. Nous appelons donc cette désobéissance "naturelle".

3. Désobéissance politique

Il convient de distinguer d'autre part la désobéissance civile de la désobéissance politique. En ce dernier cas, il s'agit de la révolte d'un peuple contre la tyrannie. Contrairement à la première, la seconde implique l'intention des hommes de se mettre en dehors du cadre institutionnel du régime autoritaire, par la contestation de la légitimité du pouvoir politique. La désobéissance à la loi en est une des expressions les plus caractéristiques, car cette légitimité entérine par principe la légalité du pouvoir législatif de l'autorité étatique. Dans ce contexte, la force accompagne la désobéissance. Il serait plus exact de parler ici de la résistance active et de l'opposer à la résistance passive dont le comportement de Gandhi constitue l'exemple représentatif.

Ces sortes de résistance se manifestent en termes de contestation de l'autorité. D'abord de l'autorité au sens du pouvoir public, et par là du pouvoir de se faire obéir. Ensuite de l'autorité au sens de crédit où de considération en général des lois que ce pouvoir édicte, et non pas d'une loi particulière. Autrement dit, la désobéissance politique, manifestée comme opposition au pouvoir dispute la légitimité des sources du droit. Elle signale la non-conformité du comportement humain à l'autorité des lois. Elle implique par là la négation de leur caractère puisque illicite. Locke résume ainsi cette espèce de désobéissance;"Je réponds qu'on ne doit opposer la force qu'à la force *injuste* et *illégitime,* et à la *violence*"[125]

4. Désobéissance collective.

Une autre description de la désobéissance, qui conjugue le civil et le politique, est fournie par John Rawls. Elle peut être définie comme "un acte public, non violent, décidé en conscience, mais politique, contraire à la loi et accompli, le plus souvent pour amener à un changement dans la loi ou bien dans la politique du gouvernement"[126].Rawls insiste sur le fait que cet acte ne vise pas le pouvoir politique mais qu'il est motivé par des principes politiques. Ceux-ci forment le contenu de la justice issue de la constitution[127]. Or Rawls justifie la désobéissance civile dans le cas où il y a violation des libertés fondamentales. Notons que cette désobéissance concerne les individus conçus comme ensembles sociaux: il s'agit de l'acte d'une minorité qui force la majorité d'accepter une nouvelle interprétation de ses actes d'après le sentiment commun de justice régnant en société, ou bien de la pousser à reconnaître les revendications légitimes de la minorité[128].

Rawls n'est pas très loin des idées de Locke. En effet, pour ce dernier, il est légitime de ne pas obéir à toute autorité étatique, voire au Prince, si les lois fondamentales sont violées par leurs décisions. Car aucun pouvoir ne saurait se prévaloir de ces lois[129].

Rawls incline à ruiner par là l'idée de droit naturel théologique. Selon ce droit, la raison humaine est capable d'interpréter la loi naturelle qui est diffuse dans la nature, et la confronter au droit positif. En cas de conflit, il va sans dire que le disciple du droit naturel désobéira aux lois civiles. Le problème concerne alors l'autorité de l'interprétation, car le contenu du droit naturel n'est nullement déterminé avec précision. L'intuition et la conviction morale guideront ses disciples dans leur comportement. Ici se pose une question de métaphysique juridique qui n'est point susceptible de se résoudre seulement à la lumière d'une raison rationaliste. Or Rawls situe le problème de la désobéissance civil dans un cadre constitutionnel. Sans s'attacher à un positivisme dur, il s'éloigne des thèses d'une morale transcendante, en fondant la légitimité de la désobéissance sur la transgression claire des libertés civiques ou de l'égalité des chances[130].

Dans cette perspective, il distingue la désobéissance civile de l'objection de conscience. Celle-ci se rapporte à la conscience individuelle et non pas à l'idée de justice de la majorité. Elle ne représente pas "un acte sur le forum public"[131]. Comme exemple d'objection de conscience, il cite les de Jéhovah qui refusent de saluer le drapeau, ou bien le refus du pacifiste de servir dans l'armée, ou encore le refus du soldat d'obéir à l'ordre qui s'oppose à la loi morale quant aux règles de la guerre[132].

Nous ne partageons pas le sentiment de Rawls sur cette distinction. L'objection de conscience constitue une forme de désobéissance civile et des plus importantes. L'histoire de la philosophie comme la doctrine et la jurisprudence peuvent nous en fournir des exemples très caractéristiques où sa sanction est directement impliquée: le cas d'Antigone et de Socrate, ainsi que la désobéissance du fonctionnaire réglée par l'article 433-6 c.p. (remplaçant l'art.209 de l'ancien code pénal).Rapportons-nous d'abord à l'Antiquité hellénique.

II. Antigone et Socrate

Une comparaison sans nuances d'Antigone et de Socrate sur l'obéissance au droit de la cité pourrait conduire à une conclusion fallacieuse: il s'agirait de cas antithétiques: Antigone est punie car elle désobéit aux lois du roi de la cité. En revanche, Socrate accepte sa punition, pour demeurer fidèle aux lois d'Athènes. Pourtant, une analyse approfondie, nous révèlera les affinités entre ces deux affaires.

1. Obéissance au droit des morts

Antigone, au nom de la *dikè thanontôn*, droit des morts, offre un enterrement symbolique à son frère Polynice[133], considéré comme traître, par Créon, roi des Thèbes. Antigone ne fait qu'à obéir au *nomos* de la cité. En effet, elle a accompli un geste rituel, répandant de la terre sur un cadavre sans sépulture.
Une loi, d'ailleurs attribuée à Solon, dictait aux Athéniens ce comportement en présence d' un mort sans sépulture[134]. Antigone accomplit ainsi un devoir fraternel, conforme à la morale et à la loi (v.45-46).

Créon reflète l'image de la plus haute autorité(v.59-60).Il n'exige pas seulement l'obéissance aux lois mais encore la soumission aux ordres de son pouvoir(v.44; 215-216). *Antigone* nous fait sentir qu'il y a un conflit entre un décret(*pséphysma)* et une loi(*nomos*) fondamentale de la cité.

Lorsque Créon parle de ses décisions, il les qualifie de *nomoi* (v.177) ou plus précisément de lois du roi(380). Le choeur les nomme ainsi; toutefois, dans un sens plutôt péjoratif (v.174) mais il les juxtapose aux lois de la cité (*nomous chtonos*) (v. 367)

Quand Antigone lui avance les raisons de sa désobéissance, elle utilise le terme de *kérigmata*' (décrets)(v.453), ou de *toioustde nomous* (les lois propres à toi)(v.452).Elle les compare aux lois non-écrites (*agrapta)* et infaillibles (*asphalè*) qui leur sont supérieures, puisque confirmées par les dieux (v.45O-456).

Antigone établit ainsi une hiérarchie entre les lois couchées par Créon (v.481) qui peuvent ne pas être correctes et les lois qui remontent dans le temps et dont personne ne connaît le moment d'apparition (456-457).

La désobéissance d'Antigone n'a donc pas eu lieu, au nom d'un droit naturel -l'enterrement d'un mort sans sépulture est prévu par les lois de la cité-, mais pour avoir opté en faveur d'une loi fondamentale. Il s'agit, contrairement au droit naturel moderne, d'une loi constitutionnelle avant la lettre. Ce sont les paroles même du roi, après qu'il a regretté son acte, qui en témoignent; il avoue que les *nomoi* d'Antigone sont *kathestôtas:* établies dans le cadre de la cité (v.1114).

Néanmoins, il ne faut pas croire que les décrets de Créon sont sans fondement juridique.

Pour Créon et la cité, Polynice est un traître. Or

l'interdiction d'enterrer ce dernier était une punition posthume prévue[135] par la législation répressive des cités helléniques[136]. Il s'agissait d'un usage archaïque qui n'en avait pas moins force de loi. Or la désobéissance d'Antigone constitue plus une désobéissance à une "loi"nouvelle qui doit être subordonnée à une loi ancienne et supérieure, qu'une affaire de conflit entre droit naturel et loi positif. Certes, la réaction de Créon traduit la conduite autoritaire, digne d'un tyran qui veut imposer sa volonté sans prendre en considération certains principes moralo-juridiques, essentiels au bon déroulement de la vie politique.

Ces principes, que nous appelons "lois fondamentales", sont de la plus haute importance pour la vie de la cité. Il s'agit des coutumes très anciennes qui ont été travaillées par le temps et qui ont forgé l'histoire de la cité. Elles constituent l'héritage culturel qui ne s'oppose point à la nature. Pour l'hellène, la nature pousse l'homme à créer la culture; elle lui a accordé le *logos,* la parole qui, mariée au *noûs* (l'intelligence), lui font prendre conscience de ses liens avec la nature et la possibilité d'exprimer ses desseins sous formes d' exploits culturels. Ces *nomoi* sont fondamentaux car ils sont à la base de toute législation écrite[137].

Le message sémantique, de la désobéissance d'Antigone se résume donc en ceci: elle a osé *hyperbainein (*v.449) les décrets de Créon.

Uperbainein ne signifie pas aller contre, mais franchir. Ainsi la désobéissance de l'héroïne indique plus un dépassement qu'une opposition. Elle a voulu aller au delà d'une coutume primitive. Elle assume sa punition, pour défendre le droit du mort. Elle est, au dire de Créon, *hyperbainoussa(*v.481). Toutefois, ce verbe veut également dire, défendre ou protéger.Antigone se révèle avocate de la *philanthrophia,* de l'amour pour l' homme, ou bien pour anticiper sur les temps modernes, respectueuse de la dignité personnelle (cf. v943).

2.Obéissance aux lois ancestrales

Malgré les apparences, le cas de Socrate est très analogue à celui d'Antigone.Comme elle, il subit le châtiment, demeurant fidèle aux lois les plus importantes (*Criton* 53 e) à savoir au droit ancestral qui est en vigueur à Athènes.

Leur différence consiste en ceci: dans le cas de Socrate, nous n'avons pas un conflit entre décrets royaux et loi fondamentale, mais un procès dont l'issue ne s'est pas révélée conforme aux règles de la justice (*Cr* .53 c). Socrate a été condamné, à cause des machinations de ses adversaires, à la peine de mort. La rectitude d'une quelconque loi n'était point mise en cause; seule la sentence était injuste (cf *Apologie de Socrate* 41 b). Le procès, visant à rendre justice, portait sur le jugement de ce qui est juste et injuste[138]. Or il arrive parfois que le tribunal, de bonne ou de mauvaise fois, tout en s'appuyant sur des lois valables, rende une décision injuste. Tel était le cas de Socrate.

Socrate, se référant à son destin, n'a pas mis en cause la justesse des lois mais, il a fait allusion à la faillibilité de la sentence(Cr.53 c). Ainsi, fuir Athènes pour éviter son supplice serait les *parabainein (*les droites lois). Ce verbe est plus fort que le *hypebainein* d'Antigone. Il signifie, non seulement, éviter, aller au delà, mais et surtout aller contre, entrer en conflit avec. Or si tel était le cas de Socrate, celui-ci tomberait en contradiction avec sa propre philosophie.

Antigone, en désobéissant aux lois de Créon ne dispute pas son autorité et par suite, elle n'entend pas mettre en cause la *politeia,* le régime politique de ce roi. Elle refuse tout simplement un référent qui va à l'encontre du fondement de la *polis,* à savoir les *nomoi* traditionnels. Ce référent est une règle qui tire sa vigueur d'une autre source et qui devient, entre les mains du gouvernant, un instrument de pouvoir.

En revanche, si Socrate désobéissait aux lois qui ont accordé à tous les biens nécessaires pour devenir de *politai* (citoyens) honnêtes (*Cr.*51 d), il mettrait en péril l'existence même de la cité, car une cité qui n'arrive pas à faire respecter ses lois, est une cité vouée à la perdition(*Cr.* 5O b-d; 51 a). Qu'est-ce que ces lois commandent? La fidélité aux sentences légales (*Cr.* 49 b).

Socrate doit donc tenir pour valables les jugements des tribunaux (*Cr.* 5O c). Voici qu'au nom d'un principe utilitaire, on pose une question de conscience![139] On demande le respect de la morale au nom de l'expédient politique. La *Politeia* exige de Socrate de concéder aux décisions illégales pour être conséquent avec sa philosophie morale.

L'idéalisme socratique prône l'obéissance absolue aux lois étatiques, qui va jusqu'au sacrifice de l'innocent. Pour le maître de Platon “au combat, au tribunal, partout, le devoir est d'exécuter ce qu'ordonne l'Etat et la patrie ou, sinon, de la (la patrie) faire changer d'idée par des moyens légitimes"(*Cr.*51 b-c), parce qu'"il faut honorer sa patrie plus encore qu'une mère, plus qu'un père, plus que tous les ancêtres, qu'elle est plus respectable, plus sacrée, qu'elle tient un plus haut rang au jugement des dieux et des hommes sensés"(*Cr.*51 a-b).

Il convient toutefois d'apporter certaines nuances à cette obéissance absolue. Socrate ne préconise pas cette solution à toute sorte de lois, mais aux lois de la patrie qui ont connu le travail du temps et ont contribué au bien être de la cité. Il y va de ces *nomoi* qui remontent dans le temps, vénérées très souvent comme d'origine divine ou bien obéies mêmes par les immortels; bref, il s'agit de ces lois qui incarnent l'idée de bien. Ne pouvons nous pas y voir les *nomoi* évoquées par Antigone? Or Socrate a toujours enseigné qu'il fallait obéir au meilleur que soi, qu'il est honteux de faire le mal(cf. A*pol.* 29 b; d).Il a toujours considéré, étant honnête, de mettre au dessus de tout le juste (*Ap.* 32 e). Il s'attachait également à empêcher qu'il advienne à la cité ce qui allait contre le juste et contre la loi.(*Ap.*31 e-32 a).

Il nous serait impossible ainsi de comparer les idées de Socrate aux théoriciens modernes[140]du droit qui optent pour l'obéissance sans conditions au légalisme. Ce sage tient des propos qui ouvrent des perspectives métaphysiques.

Socrate voit, au delà de ce procès des apparences, un jugement "aléthique": ce que la vérité révèle, au sens d'un dévoilement de l'être au dessus de toute opinion humaine (*doxa).*Notamment, il remarque après le verdict de sa condamnation:"Aussi, maintenant, nous allons sortir d'ici, moi, jugé par vous digne de mort, eux (ses adversaires), jugés par la vérité coupables d'imposture et d'injustice"(*Ap.* 39 b). Sous cet aspect, le procès représente pour ce sage une mise à l'épreuve de sa fidélité à ses enseignements. Le châtiment en est le prix. Ni ses adversaires, ni la punition ne sauraient lui nuire. D'abord, au niveau moral, il est impossible que l'homme mauvais puisse léser l'homme de bien (*Ap.* 30 d). Ensuite, la mort affecte le corps et non pas l'être de l'homme qui est l'âme. C'est elle qui participe du fond de l'être et fait que l'homme est conscient de ce qu'il est (*Alcib.* 130 d).

Il en est tout autrement, de nos jours, de l'obéissance à l'ordre illégal. Ici, il ne s'agit pas d'un conflit entre un droit naturel et un droit légal, mais d'un droit normatif (celui d'une autorité légitime) qui va à l'encontre d'une autre norme la loi. Il s'agit d'une affaire de hiérarchie de normes.

III. Désobéissance au droit normatif.

Notons pour commencer, qu'*a priori* toute désobéissance active à un ordre de droit formel pourrait être sanctionnée d'après l'article 2O9 de l'ancien code pénal [141]. Doctrine et jurisprudence ne font pas l'unanimité sur l'interprétation de l'article. Burdeau considérait par exemple que si l'autorité légitime violait la loi, la légalité changeait de champs et le particulier pouvait ne pas obéir à l'ordre [142]. Actuellement, cet article a été remplacé, dans le nouveau code pénal, par l'art. 433-6 qui dit substantiellement la même chose[143] En revanche, la Cour de Cassation, depuis le siècle passé, rejette toute possibilité de légitimation de la résistance à l'ordre illégal. Il en est autrement en cas de lien de subordination ou de hiérarchie, concernant notamment les fonctionnaires. Un arrêt de la Chambre criminelle (le confirme (à l'époque de l'ancien code pénal)[144].

Il s'agit ici d'un ordre illégal qui a été donné par une autorité légitime. la Cour de cassation refuse de considérer que le commandement illégal puisse permettre au fonctionnaire subalterne de se soustraire à une incrimination pénale. Remarquons que le nouveau code pénal consacre cette jurisprudence. L'art. 122-4 dispose "N'est pénalement responsable la personne qui accomplit un acte commandé par l'autorité légitime, sauf si cet acte est manifestement illégal". Enfin dans le même sens va l'article 214-4 qui se rapporte aux crime contre humanité: “L'auteur ou le complice d'un crime visé par le présent titre ne peut-être exonéré de la responsabilité du seul fait qu'il a accompli un acte prescrit ou autorisé par des dispositions législatives ou réglementaires ou un acte commandé par l'autorité légitime..."

Cette jurisprudence s'oppose néanmoins au cas de l'obéissance passive qui est exigée par le code militaire, et pour cause. L'article 447 du code de justice militaire, hormis le cas de force majeure, sanctionne celui qui "refuse d'obéir ou n'exécute pas l'ordre reçu"[145] par son supérieur. Toute éventuelle protestation ne doit arriver qu'après l'exécution de l'ordre par le militaire concerné. Cette discrimination est sans doute due aux spécificités du statut militaire. Nous pouvons conclure que l'ordre militaire constitue une excuse enlevant le caractère illégal à l'acte perpétré. Or, il ne s'agit pas en l'espèce d'un cas d'obéissance civile.

1. Une jurisprudence exceptionnelle

Un fait exceptionnel, pourtant, a donné lieu à une jurisprudence exceptionnelle qui, d'une part, se situe aux antipodes de l'exemple précédent, et qui, d'autre part, infirme la grande thèse du normativisme qui assimile le droit à la loi formelle. Le fait divers que nous rapportons ici concerne le conflit entre le droit normatif et un droit qui, sans être formel, le dépasse, autrement dit, le conflit entre le légal et le juste.

Après la chute du mur de Berlin, quatre gardes - frontières de l'ex-Allemagne de l'Est se sont vus traduire en justice, accusés d'avoir tué un jeune homme, alors qu'il tentait de franchir le mur interdit[146]. Le tribunal présidé par un juge d'Allemagne de l'Ouest, s'est fondé sur une jurisprudence développée dans les procès contre les criminels nazis de la 2ème guerre mondiale. Le juge a cité un avis du tribunal constitutionnel de 1952. Il y était soutenu qu'il existait un domaine fondamental du droit que nulle loi et aucune autorité supérieure ne sauraient se permettre de violer. Le président a souligné en particulier que "tout ce qui est la loi n'est pas forcément du domaine du droit". Ceci porte assurément un coup au positivisme juridique qui croit régler toute affaire au moyen des normes formelles. Le procès montre clairement que le droit -ce qui est juste- ne s'épuiserait pas dans les règles juridiques. Pourtant, il est très difficile de préciser le contenu de ce droit transcendant la loi et que souvent un juge, peu positiviste, formule dans ses décisions.

Ce droit est, dans une mesure certaine, croyons-nous, une affaire de la conscience, de la prudence, ou du sentiment du juste qui se trouve enraciné en notre être et nous dicte sa présence, lorsque une règle, quoique légale, est injuste. Prenons comme exemple les atrocités nazies. Commises légalement, elles ont indigné l'humanité entière. Elles ont été jugées comme crimes contre l'humanité, au nom d'un droit qui est approuvé par la conscience collective. Il s'agit d'un droit qui alerte la sensibilité humaine lorsque une injustice devient flagrante. Celle-ci représente une atteinte grave aux fins inhérentes à l'existence humaine, c'est-à-dire chaque fois qu'elle outrage l'entéléchie humaine. C'est alors que le moi s'insurge contre toute légalité scandaleuse qui justifierait les exécrations de ce genre

2. La désobéissance du capitaine Grüninger.

Il y a donc des cas de désobéissance individuelle qui prennent forme de révolte morale, incapable d'être étouffée par la menace d'une sanction formelle. L'histoire du capitaine Grüninger illustre bien cet exemple de devoir de désobéissance[147].Officier de la police suisse, Paul Grüninger n'a pas hésité à écouter sa conscience et à désobéir aux autorités fédérales.

. Dans le sillage de l'annexion de l'Autriche par l'Allemagne nazie en 1938, Berne a décidé de fermer ses frontières et de renvoyer tout réfugié qui arriverait sur son territoire après la fermeture. Le sort des juifs qui frapperaient à la porte de Suisse serait à coup sûr la mort. Ainsi, Grüninger s'est évertué, par tout moyen, à sauver la vie des innocents. Il a toléré les passages illégaux du Rhin, il a même falsifié les dates d'entrée en Suisse des victimes du nazisme. De cette manière, il a pu épargné d'une mort certaine trois mille juifs[148]. Cet officier n'a jamais regretté le fait d'avoir accompli le devoir de désobéissance avec les sanctions qu'elles ont entraînées.

IV. Le droit prosopologique.

Les héros que nous avons décrits dans nos exemples ont quelque chose de commun: ils ont agi en étant motivés par un sentiment qui n'est inspiré ni par les règles juridiques formelles, ni par un droit existant dans la nature des choses. Ils avaient eu l'intime conviction que leur comportement obéissait à un juste conforme à une fin inhérente à l'homme-démiurge, existence créatrice qui donne un sens à l'histoire de monde.

.Socrate demeura, jusqu'à sa mort, fidèle à ce juste (*Ap* .31 c), parce qu'un *daimon,* un esprit, par une voie intérieure, le guidait dans le choix de ses actes.(*Ap.* 31 c-d). Il s'agissait de quelque chose qui ne venait pas seulement de la raison (droit naturel individualiste), mais surtout de l'âme. Celle-ci, pour Socrate, représentait la spiritualité et l'intelligence intelligente de notre être (*Alc.*130a 131 d); ce qui nous fait discerner, grâce à nos facultés de comparaison et de réflexion, le propre de notre dignité (entendons par dignité la valeur intrinsèque de notre existence).

Dans cette perspective, il n'est pas nécessaire d'avoir des lois qui répriment les actions de type nazi par exemple, pour les considérer comme injustes. Les crimes contre l'humanité ou le droit humanitaire ont une envergure universelle, car ils portent atteinte aux conditions physiques et morales de notre identité. Par identité, nous entendons ces qualités morales qui forment la personnalité et qui, avec les propriétés physiques de l'homme, composent son intégrité. Or le juste vise à sauvegarder cette intégrité. Sa violation ne heurte pas seulement le sentiment du juste, mais encore la conscience où se reflète ce juste[149], afin d'être exprimé en droit. En effet, le juste se concrétise là où la conscience rencontre les manifestations de l'être.

L'être est unitaire dans sa totalité, avant que la conscience ne le divise en mondes subjectif et objectif. Au premier, elle attache les sentiments, et au deuxième ses demandes. Or les modes d'être de l'être acquièrent des nuances et des significations qui viennent de la personne de l'homme. Ainsi, ni la nature objective, ni la nature subjective ne sauraient
exprimer un droit, sans la collaboration de la personnalité. Le droit qui transcendent les règles écrites ou naturelles, nous l'appelons "prosopologique".[150]

Cet adjectif est de la famille du *prosôpon* qui signifie visage, ce qui est vu, ce qui s'offre à la vue et devient par là visible. Plus qu'un reflet, le *prosôpon* implique un fond, où gît une essence et une finalité propre à cette essence; le *prosôpon* fait que le substrat de l'homme est personne. Or le *prôsopon* est une notion ontologique qui combine profondeur et apparence, la *morphè,* ou bien les traits extérieurs. Ceux-ci constituent la transparence de l'homme lors du déploiement de son être dans la présence du visible. [151]. La *morphè* représente le miroir où se reflète la spiritualité de cet être, mystère, à son tour dans le mystère de l'être. Ainsi le *prosôpon* n'est pas exactement le visage moderne, le masque, une propriété de l'homme qui se manifeste en matière, mais un mode d'être de la substance individuelle, ce qui fait ressortir la conscience de soit et du monde sur une forme précise.

Dans cette perspective, le *prosôpon* est plus qu'une existence éthique, car celle-ci représente une réalité, alors que celle-là est une finalité en voie d'accomplissement pour réaliser son être[152]. Il est ensuite plus qu'un individu, car, même dans sa solitude, il se définit par rapport aux autres. L'individu existe pour lui-même, tout en vivant avec autrui; le *prosôpon* est en soi, tout en étant pour les autres; autrement il ne saurait accomplir convenablement sa nature. Son "destin"se réalise à travers la communauté. Enfin, il est plus qu'un citoyen, car celui-ci incline à donner des solutions aux problèmes sociaux. Le *prosôpon* embrasse le vécu de l'être, puisqu' il vient de l'être, en est solidaire et le surveille comme gardien. De cette manière, au lieu de se rapporter à l'univers des idées, il a trait à la vérité conçue comme *alèthéia*. Il rend visible la densité ontologique de l'invisible.

La morale prosopologique est fondée sur l'intériorité de la personne qui vise à l'harmonisation du "je"spirituel et de l'acteur social. Cette morale représente non pas des règles mais la façon de s'actualiser comme présence créatrice en communauté. Ainsi, le *prosôpon*, loin d'apparaître en tant que sujet ou objet de droit, devient le "lieu "où se concrétise le juste en droit. Il dit le droit qui n'est pas seulement le produit pur de la volonté, ni celui de la nature. Il en est de l'un et de l'autre, travaillé par l'esprit qui s'évertue à atteindre ses limites. C'est l'espace où l'homme juge et doit être jugé.

Ces limites marquent l'existence humaine encline à accomplir son entéléchie, c'est-à-dire à dépasser son animalité rationnelle. L'existence se détermine de bas en haut: instincts, nature, biologie, économie. Lorsque l'existence tente de se transcender, il déploie son esprit. Nous ne faisons pas de l'esprit une notion métaphysique. L'esprit désigne ici la capacité de l' intellect de pénétrer le mystère de l'être en quête de ses sources. L'homme agit ainsi en tant que *prosôpon*, partie de l'être. Il s'avère ainsi unique, irréductible, inassimilable à un objet. Il a une spécificité qui lui est propre[153], car étant le seul gardien de l'être, seul il est capable de donner un sens au monde, de faire l'histoire du monde.

Sous cet angle, lorsqu'il dit le droit[154], il énonce les qualités de son être. Il annonce le rythme de l'être dans son perpétuel devenir. La justice se révèle donc comme l'essence de l'être, harmonie de ses parties discordantes.

Pour dire le juste, il lui faut le *noein*: saisir la vérité de l'être (ce que l'homme tire au clair du mystère cosmique).La faculté du *noein* vient du *noûs*, l'esprit incarné, la conscience du *prosôpon* qui discerne, à travers la dialectique des règles juridico-éthiques ce qui doit revenir à l'homme selon sa dignité. Le *noûs* marque par ailleurs le privilège chez l'homme de pouvoir sauvegarder la mémoire des expressions de l'être: son destructeur ou son créateur. Ainsi le droit prosopologique se situe entre le *logos* et l'*éthos*. Le *logos* énonce l'être du juste, en tant que solution juste, en tant que droit dans un cas précis, à partir de l'image qu'il se donne de soi-même dans ses actions habituelles (*éthei*), étant à la fois l'image de l'autre.

Dans cette direction, le *prosôpon* (le législateur, le juge, l'homme commun, l'agent exécutif d'une règle etc) travaille intellectuellement toutes les données éthiques et juridiques qui composent le droit en un moment précis, pour en faire la sélection de ce qui s'avère juste. A travers les dédales juridiques, il tâchera de corriger les inégalités de la nature et la légalité phénoménologique des lois positives.

Le *prosôpon* part alors de l'*idéa*, l'archétype éthico-juridique qui traduit son préconstruit culturel(le *prosôpon* n'est pas l'être raisonnable achronique, la source d'un droit naturel subjectif, mais l'être historique). Par sa faculté noétique de la représentation, l'homme saisit l'archétype en *eidôlon (*reflet) ou en*symbolon* (symbole) juridique pour trouver son champ d'application dans la réalité. Ici, la volonté procède à une extraction sémantique, établissant les signifiants et les signifiés, et définit les concepts par les déterminations des énoncés et la configuration des choses juridiques. Toutefois, cette volonté n'est pas "nomogène"(créatrice du droit) sans la conscience prosopologique. Chaque fois que la volonté s'écarte de cette conscience, il y a la révolte, comme celle d'Antigone, de Socrate ou de Grüninger qui ont refusé d'obéir à un droit déshumanisé. Certes, dans la recherche du juste, puisque celui-ci fait partie de l'être, et que l'être ne saurait nous être entièrement révélé, des contradictions ont souvent lieu entre ce que l'un croit comme juste par rapport à ce qu'un autre conçoit comme tel.

Le droit prosopologique traduit l'effort dialectique de l'homme de dépasser et le légalisme du droit positif et la mystification juridique du droit naturel. De cette manière, l'individu voit dans le droit une dimension du juste propre à une humanité qui cherche son sens dans son activité poïétique[155].

Chapitre VI

Le “Je “et les autres.

En notre être, se reflète la présence d'autrui. Notre personnalité ne peut se définir que par rapport aux autres. L' estime et la considération sont dégagés de la co-existence avec les autres. Ainsi, notre être indique notre individualité, et ses étants ou ses manifestations sont tributaires de l'altérité.

I.Individualité et Altérité: le droit et la peine qui menace

Le monde social est un monde de valeurs. Son devenir se présente comme le partage par tous de ces valeurs. Dans ce partage s'inscrit la culture et la civilisation, ou bien l'histoire humaine, sous forme de conflits, d' accords,de constructions ou bien de destructions. A côté du "je"[156], il faut un "nous": le moi est voué à la fréquentation de l'autre. Or la subjectivité, tout en gardant son identité, s'ouvre vers l'autre pour accomplir sa totalité. Ainsi, si l'identité, en tant que propriété du moi-animateur, m'est propre, sa reconnaissance vient du dehors, de l'expression des autres. Elle constitue une valeur consacrée par l'altérité[157]. Bref, il n'y a ni subjectivité ni objectivité pures dans le social. Le moi,sans les autres, désigne l'ascète mystique ou le misanthrope.

Le je est ce qui complète la totalité du monde social, lorsqu'il s'ajoute aux autres. Il incline donc à se confondre avec l'altérité dans le devenir culturel et historique du monde. Mais confondre ne signifie pas perdre la nature qui lui est propre, ou bien sa propre identité; confondre signifie ici compléter une mosaïque, de sorte que l'harmonie de sa composition reflète l'indépendance de ses éléments, en même temps que leur interpénétration. Il s'ensuit que le moi est un sujet non hermétique, mais un sujet dialectique: il est porté au dialogue avec les autres, parfois même jusqu'aux conflits[158]. Ce qui le traverse et ce qui l'attache à des autres sujets, en ami ou en ennemi, en rival ou en compagnon, en maître ou en subordonné. Comme sujet, il s'affirme dans l'intersubjectivité.

1. Intersubjectivité: le moi en face de l'autre.

Intersubjectivité veut dire communication, rassemblement avec ou contre les autres afin de se faire comprendre et les comprendre et se voir accepté ou rejeté.

L'existence est déterminée par l'altérité. On nous comprend mieux à travers les autres. Notre être intime est mystérieux pour les autres. C'est pourquoi elle ne les intéresse pas en tant qu'existence métaphysique. Ainsi, si notre essence converge vers la totalité de l'être, le moi, dans ses rapports intersubjectifs, tend à se distinguer des autres. Il veut être l'autre dans le même, l'individualité dans la généralité.

La distinction demande une auto-régulation(bien se connaître et se maîtriser), pour faire ressortir les caractéristiques qui sont particulières au moi. Le "je"saisit par là la signification du monde d'une façon subjective, à savoir comme pénétration des phénomènes qui l'entourent. A ces phénomènes, il accorde sa propre interprétation. Il donne une signification personnelle aux valeurs sociales qui doit être entériné par les autres, comme il doit entériner l'interprétation des autres. Or les rapports intersubjectifs se fondent sur la réciprocité des valeurs existentielles (les hommes, en tant qu'hommes, sont de la même valeur) ou l'appréciation analogique (l'égalité comme idée valorique est un mythe). Nous sommes égaux devant la mort, mais non devant la vie. Si, ontologiquement, nous naissons tous égaux, les conditions de vie font que nous ne pouvons pas toujours avoir la même égalité de chance. Seule la mort établit la démocratie absolue: le même passage à l'au-delà. pour tous. Nous ne sommes pas égaux en tant qu'acteurs sociaux, ou actants historiques et culturels. L'égalité est en l'espèce remplacée par l'idée de mérite: ce qui est à la base de l'idée classique de la justice. Le droit est ce qui distribue des récompenses et des peines à chacun selon son dû.

La question, ici, est de définir comment l'on détermine ce dû. Certes "l'homme se désigne comme être qui mesure des valeurs, évalue et qui mesure, ' l'animal estimateur par excellence'"[159]. Mais quels sont les critères de cette évaluation? A notre sentiment, ils sont subjectifs et objectifs; nos idéaux et vertus personnels entrent en jeu dans l'ordre social qui contrôle notre conduite, surtout au moyen des lois positives. Cet état de choses traduit la place que l'individu, en tant que personne, mérite de posséder dans l'univers social, en vue de remplir sa destinée existentielle et politique."L'affaire essentielle de l'homme est de savoir comment remplir conventionnellement la place qui lui a été désignée dans la création et de comprendre ce qu'il doit être pour être un homme"[160].

Cela établi, le bonheur individuel ne saurait exister en définissant ses limites tout seul, sans risque de nuire aux autres.

Le bonheur implique le désir de la jouissance des choses du monde et la liberté pour les acquérir. Certes, il y a le bonheur de la privation, un état d'âme propre aux ascètes ou aux mystiques. Le bonheur individuel dans le monde est celui qui suit la destinée de ce monde, qui s'exprime par les moyens de ce monde. Le bonheur-privation est plutôt celui qui rompt avec le monde, qui se découvre esseulé, qui se situe à l'écart de l'altérité. Or nous n'entendons pas ce bonheur qui traduit la sérénité d'une existence en dehors du monde à la recherche de son essence.

Le bonheur de l'existence désigne d'emblée ce bien-être qui déborde la loi, et envahit souvent l'autre, tentant de contenir plus qu'il ne peut contenir. Souvent donc, le bien-être désiré dégénère en violence contre l'autre, car il se peut que le bonheur de l'autre déborde et devienne violence.

2. Les lois du moi et les lois des autres.

Le moi et l'autre se trouvent désormais en relations dialectiques: en des moments de détresse, ils sont solidaires l'un de l'autre; dans des moments d'euphorie, ils sont rivaux. C'est un aspect du phénomène dit "de l'interaction entre l'individu et son entourage"[161].

Le bonheur ou plutôt la quête du bonheur individuel réside au fond dans les inclinations égoïstes, qui, sans ignorer les impératifs de la raison,appliquent leurs propres lois. En effet, le moi, contrairement à ce qu'un naturalisme idéaliste conçoit, ne représente pas une nature dominée par une raison parfaite, à l'image de Dieu et capable de résoudre les problèmes de l'humanité. Le je est plus proche des besoins du corps et obéit plus facilement à ses lois. Ainsi-dira Jung- "l'identité avec le corps est l'une des premières choses qui font le moi"[162].

Or expliquer l'homme et son histoire suivant les données de la raison raisonnable, c'est une utopie. Lorenz remarque à ce sujet: “les phénomènes de l'Histoire, tels qu'ils se répètent toujours, n'ont pas de causes raisonnables"[163].

Sade a décrit le bonheur comme le sacrifice de l'autre. Le bonheur est en effet d'une portée hautement hédonistique et devient par là totalitaire. Pourtant, et c'est paradoxal, incliné vers la destruction de l'altérité, pour satisfaire sa jouissance, il ne se prive pas seulement d'une éventuelle solidarité des autres, mais encore il devient, à son tour cible de la destruction par les autres. Il doit donc s'auto-censurer, afin de pouvoir survivre et durer. Il doit renoncer à l'illimité de sa fougue d'où le compromis qu'il est obligé de faire avec l'altérité.

Dans cette perspective, pour assurer sa sécurité, le bonheur du moi doit garantir la sécurité des autres. Afin de ne pas être menacé par celui des autres, il se doit de ne pas menacer le bonheur d'autrui. Or les relations prioritaires entre le je et l'altérité doivent être fondées sur la réciprocité.

Mais l'idée de réciprocité implique l'idée d'échange. Le mythe de l'Etat moderne, ou bien le mythe du contrat social, repose sur l'échange. L'Etat autoritaire de Hobbes, ou la République de Rousseau sont nés des échanges entre les autorités et les citoyens.

Dans ces échanges, la volonté marque la communauté, à savoir que le destin du je est inéluctablement associé au destin de l'autre. Le bonheur prend la forme de la sécurité commune à tous. Or, dans l'Etat moderne, bonheur signifie règne d'un ordre général de paix, où la solidarité forcée entre le je et l'autre repose sur la légalité des normes communes[164].

Ce fut un tournant décisif dans l'histoire de l'humanité que ce passage du monde ancien au monde moderne.

En effet, le Moyen Age et la Renaissance ont adopté sans modifications radicales les valeurs classiques, ou du moins, ils n'ont pas voulu les démentir. L'éthique sociale était tributaire d'une morale créatrice qui commandait au je de respecter l'altérité. Le bonheur était le fruit d'une bonne moralité.

En revanche, les mondes moderne et contemporain remplacèrent la moralité par la légalité comme expression de la légitimation de l'autorité étatique[165]. Le je a cédé son unicité à une identité collective absorbée par le "nous tous"[166]. Ceci a été opéré dans une association artificielle. En effet, les normes qui dictent des impératifs sont incapables de commander l'intimité égoïste de l'homme, désireux de son propre bonheur au détriment du bonheur des autres. L'éthique comme moyen d'introduire l'idéal dans le réel s'est révélée peu efficace[167]. La réalité de la pensée comme contemplation de la connaissance est combattue depuis Hobbes qui n'a vu que l'intérêt comme force réelle.

L' intérêt ne saurait donc être réglé par la vertu. Il nécessite un ordre contraignant pour imposer le respect des intérêts du je par les autres, et celui des autres par le je. Aux règles propédeutiques (de l'éducation) des Anciens qui visaient à l'harmonie intérieure du corps et de l'âme, afin de réaliser l'harmonie des relations communes, succédèrent les lois positives, produit de la modernité, menaçantes, afin de maintenir l'ordre, ou bien réprimantes pour remettre en ordre le désordre.

3. La menace de la sanction.

Le droit pénal, par la menace de la sanction, suscite un sentiment de sécurité, ce minimum requis pour la réalisation du bonheur. Il marque la limite de la légitimité des actions du je et de l'autre sans les désolidariser. Son rôle, contrairement à celui de l'éthique, n'est pas créatif. Il incarne le gardien de l'ordre, le régulateur de la liberté du je et de l'autre, et pour cause. L' initiative issue de la liberté contrôlée se canalise vers des concessions réciproques auxquelles doivent se livrer l'individualité et l'altérité. Le bonheur qui doit s'épanouir ici ne saurait se passer du partage des choses sociales entre le je et les autres. Plus on se montre égoïste, plus ce partage, comme fondement du devenir social, devient impératif.

Malgré les avantages du droit, conçu comme ordre contraignant pour prévenir ou réprimer le désordre, ce droit ne cause pas moins une frustration au bonheur du je qui, dans son élan hédonistique, a des tendances rebelles, Le droit positif part du vécu pour établir le conçu. En tant que technique sociale, il est fondé sur l'expérience; il vient de l'expérimentation de ce qui est ou de ce qui devient. En revanche, le bonheur égoïste, en tant qu'aspiration idéale, part du conçu pour s'appliquer au vécu ou bien pour s'étendre au vécu. Or le droit pousse l'individu à opérer une dichotomie de son existence entre spontanéité et obéissance. Alors que le droit impose, l'individu dispose et pas seulement de sa liberté mais aussi de ses obligations juridiques. Aspirations existentielles et comportement social entrent par là en conflit, ce qui peut être ressenti comme une tentative d'asservissement de l'homme; ce qui peut être également vécu comme une atteinte au bonheur individuel.

L'humanisme moderne prend son départ dans la protection de l'humanité de l'homme pris individuellement ou collectivement, contre les menaces qui l'entourent. Par menace, il ne faut pas seulement entendre le danger de la suppression de cette humanité ou l'atteinte à son intégrité, mais encore le traitement inégal du je par rapport aux autres, ou bien la mortification du je par les autres.

4. Menace et droits de l'homme.

La menace du châtiment, représentée comme une espèce de barbarie exercée par les autres contre le je[168], bien que parfois justifiée juridiquement, a poussé le genre humain à transposer les droits de l'homme en matière pénale. Certains de ces droits, sous forme de libertés fondamentales, sont consacrés notamment par la constitution; ils sont alors des droits subjectifs positifs. Ils se différencient désormais du droit naturel décrit comme un droit diffus dans l'ordre des choses. Ces droits constitutionnalisés, censés être tirés de la nature de l'homme n'en sont pas moins considérés comme des droits naturels. Les droits de l'homme sont en général axiomatiques et unilatéraux. Leur nature s'oppose à celle du droit objectif. Celui-ci implique le partage des choses juridiques selon une réciprocité proportionnelle fondée sur le mérite de chaque partie. Or la nature des droits de l'homme est, très souvent, à l'origine des conflits et des situations paradoxales en matière pénale.

Pour bien comprendre ce phénomène, il convient d'apporter des nuances entre la conception d'un droit de l'homme *de* et celle d'un droit de l'homme *à*. Le premier est très souvent consacré juridiquement en tant qu'élément nécessaire à la fondation de la personnalité. Entendons par personnalité le noyau où gît la plénitude de la dignité. Or le droit immanent à l'homme se distingue du droit normatif qui transcende l'individu.Son atteinte peut donner lieu à un recours à la C.E.D.H. (Cour Européenne des Droits de l'Homme).

Le "droit *à*", comme le droit *de*, est également un droit dont la source est censée être en l'homme. Toutefois, il est informel.
Qu'est-ce que ce droit *à* au fond?

Il représente une revendication, une aspiration de l'homme vers un niveau de vie, digne de l'être humain. Il constitue une réclamation afin d' avoir les mêmes privilèges que les autres et dont certains groupes de citoyens sont dépourvus pour des raisons discriminatoires, ce qui crée un sentiment d'indignation. Sur de tels droits se sont appuyés à juste titre, les noirs de l'Afrique du Sud, réclamant d'être traités sur le même pied d'égalité que les blancs; d'où la revendication d'un droit *au* vote, *à* l'accès aux établissements fréquentés par les blancs, *aux* mêmes conditions d'éducation, etc.

Il s'agit de revendications motivées par le fait que l'humain n'a comme propriété essentielle (*sine qua non)* ni la couleur ni la beauté ni l'origine, mais ce noyau commun à tous: l'humanité. Or ces revendications viennent de l'essence même de l'humanité qui doit être à la base de la vertu de justice et de droit, mais qui ne se confond ni avec la justice ni avec le droit. La justice est le lieu où le droit, en la respectant, se réalise. Elle tend plus à l'équité qu' à la générosité. Le droit détermine des rapports entre les hommes à raison de leur mérite; ce qui suppose des liens existentiels et axiologiques. En revanche, l'humanité est axiomatique au sens d'une qualité inaliénable et irréductible de l'homme. Elle avoisine la générosité et l'égalité universelle. Cette égalité est d'une nature métaphysique, à savoir qu'elle désigne l'équivalence de valeur de tous les êtres humains, dans l'être du monde.

Il convient alors de nuancer dans la détermination du contenu de ces vocables. Donner à ces revendications le statut qui régit le droit objectif, sans les adaptations nécessaires aux formalités juridiques, c'est une démarche insuffisante. Celle-ci peut aller contre l'altérité, en surestimant notamment le je, ce que nous appelons "l'absolutisation subjective".

Les droits de l'homme représentés comme libertés subjectives dans le rapport du moi ontologique (l'homme en tant qu'homme) et du je phénoménologique (manifestation de l'être de l'homme), confrontés dialectiquement à l'ontologie et à la phénoménologie de l'altérité, s'opposent souvent au droit objectif et pour cause.

En tant que libertés opposées à la loi traduisant une obligation de faire ou de ne pas faire, ils deviennent donc la cause des antinomies du droit et par là de contradictions juridiques. Empruntons des exemples caractéristiques à l'actualité. Rapportons-nous au cas des quatre jeunes filles musulmanes, élèves de la cité scolaire, Xavier-Bichat de Nantua(Ain)[169] qui se présentaient à leur cours vêtues du voile islamique. Elles ont été exclues de l'Ecole. Mais pourquoi? La réponse est simple: au nom de la laïcité. Mais la laïcité n'équivaut pas à l'intolérance que l'on pourrait reprocher aux réactions d'une religion. Dans cette perspective, laïcité signifie liberté de conscience et liberté de culte. Elle ne saurait donc pas être incompatible avec le droit fondamental de l'auto-détermination.[170] Or le port du foulard souligne l'identité de la personne et sa liberté d'expression.

Il faut alors être conséquent: ou bien il y a des droits de l'homme que l'on doit respecter, ou bien il n 'y a que le droit objectif qui interdit le foulard et tout le monde doit lui obéir.

Empruntons un autre exemple où le droit objectif sanctionne un droit subjectif.

Un maire [171] est condamné pour provocation à la discrimination raciale. Notamment, il a écrit, entre autres, que "l'immigration submerge actuellement notre commune". Mais cette condamnation, ne pourrait-elle pas être interprétée, par des esprits réactionnaires, comme une atteinte au droit fondamental de la liberté d'expression?

Il s'ensuit qu'exercer un droit subjectif risque d'entraîner la violation du droit objectif et inversement, vouloir appliquer le droit objectif risque d'entraîner la violation d'un droit de l'homme. Accepter les deux sans apporter les nuances appropriées, c'est créer une polémique juridique. Notamment, l'unilatéralité que l'on voit dans les droits de l'homme incline à violer la réciprocité de traitement qui régit tout droit digne de ce nom, ce qui entraîne souvent le paradoxe de vouloir protéger le criminel au détriment de la victime et de la société.

Pour en terminer, citons un dernier exemple d'une grande actualité. Jugeant inapproprié le châtiment actuellement en vigueur appliqué dans le cas des enfants violés et assassinés, cent trente-sept députés ont réclamé le rétablissement de la peine de mort[172]. D'ailleurs, le garde des sceaux a présenté au conseil des ministres un projet de loi qui a été adopté sur la peine perpétuelle pour des criminels de cette sorte[173]. D'où la réaction des signataires d'une pétition dénonçant, au nom des droits de l'homme qui comprennent en l'espèce les prétendus droits du criminel, prévus par la convention européenne, la perpétuité effective. On s'appuie, une fois de plus sur le respect de la dignité humaine. Nous voyons donc la rivalité qui peut exister entre droit subjectif et droit objectif, entre le bonheur du je et celui des autres.

Si le prétendu droit du je prévaut, l'altérité risque de se voir gravement niée dans la protection de sa sécurité et son bonheur. En effet, l'assassin d'enfant, une fois sortie de la prison, peut récidiver. Un problème philosophique apparaît ici mais qui ne relève pas directement de notre sujet. Ce qui est intéressant pour nous, c'est la constatation que toute garantie ou protection monolithique du je porte à nuire à l'harmonie de l'altérité. Il en résulte que les droits subjectifs qui assurent le bonheur du je, violent souvent le principe de la réciprocité proportionnelle entre le je et les autres, d'où la création d'un climat d'insécurité et de malaise; ce qui pourrait conduire au retour à la vengeance privée de la part de l'altérité pour satisfaire à son besoin de justice.

II. Individualité et Altérité. La Prison et le Temps

L'emprisonnement représente une atteinte à la liberté. Il constitue une réaction légale contre celui qui a dépassé les limites fixées par le droit.

1. La liberté entre le moi et les autres.

Etre libre sans référence à des données concrètes n'a pas une grande signification. En effet, être libre signifie s'épanouir dans la présence et avec la complicité des autres Le je est, certes, libre par rapport à son propre être. Il est libre dans sa conscience, mais déterminé dans la communauté.

Ma liberté est tributaire de la liberté des autres; c'est une liberté sous certaines conditions. Seule la liberté intellectuelle est sans limite. A partir du moment où elle se matérialise, elle se trouve bon gré mal gré, sous la surveillance de l'altérité.. De cette manière, elle est "référentielle": je suis libre dans la mesure où l'autre peut également exercer sa liberté. Or le je implique une existence qui n'est pas isolée, un espace temporel qui n'est pas solitaire. Etre existentiellement seul, n'a que peu d'importance pour la société. On est seul dans ses pensées. Pourtant on est condamné à vivre avec les autres. Le temps de soi-même est le temps d'avec les autres.

Il nous est permis d'avoir une place dans la société, pour vivre notre propre temps et partager celui des autres. Nous sommes des présences dans le devenir, libres de le façonner dans le respect des obligations prescrites par le droit. Notre temps est tributaire du droit qui sanctionne la liberté de notre être. Il ne faut donc pas tomber dans la démesure ni dans le désordre. Tout déséquilibre tend au désastre, comme destructeur des enfants de l'être En tant qu'enfants de l'être, nous devons préserver son harmonie. De son harmonie vient notre temps qui est conditionné par notre liberté, liberté contrôlée par le droit.

Vivre en société implique donc certaines règles morales et des codes juridiques. Chaque révolte contre la stabilité sociale pousse souvent vers l'isolement dont la prison est un avatar juridique.

2. L'individualité sans les autres: la prison.

La prison comme l'effet d'une sanction désigne la fustigation du je par les autres voué à un espace de solitude. Il s'agit d'une ségrégation spatiale où l'altérité réduit la liberté de l'individualité à ses manifestations les plus élémentaires. Tout geste antisocial est considéré comme une cause de rupture de l'individualité avec les autres, et une violation du contrat d'honneur fondé sur le respect mutuel. L'individu a fait sa propre loi qui s'oppose aux lois de la communauté exprimées par les codes de droit.

Mettre le je en prison comme l'effet d'une sanction, c'est spatialiser la culpabilité prononcée par le juge; manifester la désapprobation et la réprobation dans les données humaines. Autrement dit, le jugement négatif d'un auteur, à travers son infraction, se situe dans l'espace et le temps. Il comporte des mesures humaines pour satisfaire au sentiment du juste et aux exigences de la légalité.

On peut dire que les huis clos marquent la décision normative de créer un climat de rupture et d'absence; rupture avec les représentations du monde, miroir de l'identité sociale. D'où la dualité de l'existence comme le moi- ennemi des autres, et le moi appelant les autres, afin de s' affirmer en être historique. Il y a un morcellement du corps et de l'esprit. Le premier ne fonctionne plus comme objet d'attirance qui va à la rencontre des autres. Le second cesse de recevoir du nouveau. Le temps représente très souvent les souvenirs du passé, lorsqu' on était comme les autres; l'avenir devient une projection du passé; il y a le désir sans doute de redevenir comme les autres.

Le délinquant est ainsi coupé du temps social. Il ne participe pas à l'évolution de la communauté. Il est spectateur, du dedans, de ce qui devient. Il a un temps qui lui est propre. Il calcule le temps par la durée de son emprisonnement. Il est usé dans le temps social, isolé de l'histoire de l'être. En effet, il vit enfermé dans son propre être.

Il se peut alors que le morcellement mène au néant par le démantèlement du moi, ennemi à présent du “j'ai voulu exister autrement". On hait ce moi coupable,rendu prisonnier. On lui inflige, comme une deuxième punition, l'abandon à l'oubli et au périssement. L'esprit rejoint le corps dans la souffrance, ce qui forme le pathétique de l'emprisonnement[174].

L'absence des autres, d'autre part, gagne le grand assaut contre la personnalité. L 'immobilité et le détachement la diminuent, et elle cherche refuge ailleurs. La vie entre dans le idéal; on cesse d'être de ce monde. Illusion et mirage se confondent avec une réalité restreinte qui a toujours les mêmes couleurs. De cette manière, l'échéance de la durée de l'emprisonnement devient déchéance. L'absence de l'espace devient absence du corps[175]. La prison représente l'absence de la dimension sociale, ainsi le corps perd de sa sociabilité, et se remplit de frustration. En somme, il devient un corps étranger à la mémoire, incapable de se concilier avec l'image qu'il émet. Néanmoins, le contraire n'est point exclu.

L'emprisonnement est qualifié de peine privative de la liberté. Ce n'est toujours pas exact ; il y a liberté et libertés.Etre en prison n'est pas incompatible avec un sentiment de liberté existentielle, dans un univers extrêmement rétréci. Le monde représente désormais les quatre coins de la prison; ce qui n'empêche pas éventuellement l'épanouissement de l'être de l'homme dans la solitude. Il y a des cas où des individus ont pu suivre des études en prison et parfaire leur personnalité.

3. Pourquoi la prison?

La prison préserve la mémoire de la culpabilité et la présence de la condamnation. L'emprisonnement est au fond le châtiment de la privation du temps social. Le temps passe, alors même que l'être du délinquant demeure dans la perspective de s'unir un jour avec l'être du monde.

Par l'emprisonnement, le criminel n'expie pas son crime au sens métaphysique du terme. Il ne compense pas non plus le dommage causé. Il paie, d'une certaine façon, un prix pour son crime. La question à étudier est de connaître l'utilité de ce prix. Les moralistes diront que cette sanction est imposée au nom de la rétribution, fondement et finalité de la Justice. Les utilitaristes mettront en valeur son aspect préventif: empêcher la récidive. D'autres avanceront des arguments qui concilient la rétribution et la prévention.Les uns oublient l'homme au nom du règne des idées abstraites; les autres favorisent l'expérimentation humaine au détriment de l'humanisme; enfin d'aucuns proposent des thèses plus savantes qui manquent pourtant de réalisme.

Il est dit, en premier lieu, par les utilitaristes que la prison a un effet de prévention spéciale. Cela pourrait être vrai, notamment lorsqu'il s'agit de criminels dangereux. Malheureusement ce n'est pas toujours le cas de la petite délinquance. A son égard, l'emprisonnement peut se révéler comme une mesure de représailles. Il y a une autre sanction, plus intelligente et plus utile, qui sert à la fois à la société et responsabilise le coupable: "le travail d'intérêt général"[176]. Ainsi le temps de l'individualité se met au service de la communauté. Le moi n'est pas rejeté par les autres. En gardant toute sa dignité, l'homme a l'occasion de montrer les aspects positifs d'une personnalité portée au bien de la société. Par cette mesure, l'Etat et la société montrent qu'ils désapprouvent l'acte et non pas le délinquant.

Dans le cadre de ce réalisme juridique, la justice néo-zélandaise tente, depuis 1989, une expérience originale[177], d'où il résulte, qu'à la sanction-punition, elle préfère la sanction-réparation.

Cette procédure concerne les jeunes délinquants qui ont commis des délits mineurs. Elle ne se met pas en route en cas de meurtre, d'homicide involontaire, ou bien des cas qui sont jugés trop graves. Elle vise à dédramatiser les faits, mais en même temps de responsabiliser les coupables et leurs proches. Ainsi les jeunes délinquants sont convoqués avec leurs parents à une "conférence familiale “en présence de la victime, des siens, de la police et des services sociaux.

Le but est dès lors de rendre conscient le jeune délinquant de son comportement fautif. D'autre part, sa famille doit réfléchir sur ce comportement et sur l'éducation qu'elle a donnée au jeune, comme sur celle qui est à suivre. S'il y a consensus, la sanction imposée consiste en la réparation des torts ou en un éventuel dédommagement. En cas d'échec le jeune est traduit en justice.

Les avantages de cette expérience sont réels. D'abord, on parvient à éviter la récidive. Très souvent, les jeunes délinquants occasionnels s'identifient au groupe des délinquants qui les entourent. Une carrière criminelle peut bien y trouver ses origines. Un autre avantage non négligeable est la solidarisation de la famille du coupable dans la réparation du tort subi. Enfin, on accorde un intérêt particulier à la souffrance de la victime; ce qui l' aide énormément à sortir d'un éventuel traumatisme causé par l'agression.

Les espaces temporels en prison, au lieu d'oppresser l'horizon de l'individualité, peuvent alors se révéler comme une ouverture à la rencontre des autres, sans la gratuité de l'oubli de l'acte criminel et le pardon inutile du délinquant.

III. *Eros* et *Thanatos*. Le prix de la mort.

1. L'espace gracieux de l'existence

Notre existence est une grâce éphémère que l'être nous accorde entre l'inconnu de notre passé et les doutes de notre avenir. Nous attendons en vain une réponse de l'être sur la raison de notre existence. La métaphysique de l'humanité s'inscrit dans le silence, et les minces indices d'une transcendance sont pleins d'espaces d'incertitude.

Nous cherchons Dieu dans le silence du recueillement et de la contemplation. Suprême Etant qui se confond avec l'être, en le dépassant, il devient l'ultime vérité. Notre regard reste impuissant à pénétrer l'énigme du monde. Nous vivons dans le mystère de l'être, entre l'espoir, pour les uns, d'une eschatologie salutaire, et le désespoir pour les autres, au spectre d'un néant éternel. D'aucuns se contentent avec une lucidité résignée, du passage merveilleux qui nous reste à vivre entre la naissance et la mort, sans s'occuper des apories métaphysiques.

C'est notre conscience qui nous pousse à l'exploration des ténèbres de l'être et nous donne le sens du précaire et de l'éternité. Toute grandeur et toute chute ne sauraient être senties sans la conscience qui se révèle comme le *logos*, la raison d'être de l'humanité.

La conscience voit et connaît. Elle est la mémoire du désir qui, ayant une première expression dans l'instinct de conservation, se transforme soit en élan créateur,soit en véhémence destructrice; c'est la conscience qui crée l'histoire et fait de l'*éros* le repos existentiel dans l'inexplicable du mystère de l'être.

Vivre est avant tout vivre conscient de son individualité et de son appartenance aux autres qui participent de la mosaïque de l'être. Vivre, c'est donc participer aux métamorphoses de l'être, c'est désirer exister, avoir l'*éros* d'être. Etre sans *éros* n'est pas une *joè (*une vie qualitative) mais un *bios(*simple durée de vie) qui attend, replié sur lui-même, la fin, le *thanatos*.

L'histoire de l'homme s'inscrit entre l'*éros* et le *thanatos*. Il y va d'une manifestation irrépétable qui peut se résumer comme la vie vers la mort; ce "vers"témoigne de la conscience de ce qui est et de ce qui devient chez l'être humain qui seul se révolte consciemment contre la mort, le *thanatos*. En effet, grâce à l'*éros,* cet amour passionné pour l'être, l'homme s'attache à tout ce qui l'aide à s'épanouir. La préservation de soi est commune aux êtres animés et inanimés. On lutte pour survivre. C'est plutôt l'instinct qui agit. L'*éros* désigne l'état de conscience qui est propre à l'homme, alors que le *thanatos,* étant l'anéantissement de la matière vivante, est universel.
Seul l'homme a, grâce à sa conscience, une intériorité que la mort vise à anéantir.

L' énigme du monde est l'au delà de la mort; c'est une aporie eschatologique.Toute métaphysique est fondée sur la quête de l'au delà de la mort. L'angoisse de la mort est avant tout l'angoisse de la vie. Les frontières entre l'angoisse et admiration pour la vie ne sont pas déterminées avec netteté.

L'*éros* n'est pas une simple pulsion pour la vie; c'est un désir passionné pour ce qui nous lie à l'être et qui fait que nous existons en harmonie avec lui. C'est la nourriture de la conscience qui peut se dépasser par elle-même, seule capable d'expliquer le merveilleux de la vie naissante et de mesurer la souffrance de la mort. C'est la conscience qui nous aide à nous dépasser, dans une lutte permanente, l'*agôn;* d'où l'agonie qui, en grec, ne se rapporte pas seulement à la mort, mais encore aux doutes de l'existence et à la place d'une volonté autonome dans la causalité des phénomènes Nous répugnons à l'idée que l'homme puisse servir d'esclave.

Ce qui lie l'*éros* au *thanatos,* c'est l'idée de passion: le *pathos*. Ce terme comprend deux significations antithétiques comme le sont la vie et la mort. L'*éros*,comme passion de la vie, dénote l'ardeur de profiter de la grâce que l'être nous accorde, alors que la passion de la mort désigne la souffrance comme agonie devant l'éminence du néant. On poursuit l'une, on repousse l'autre. Dans ces circonstances, l'*éros* nous fait vivre le miracle de l'existence qui est la transcendance du néant, et en même temps sa dimension tragique, car l'existence demeure une merveille inexplicable, alors que la résurrection est un espoir sans certitude, mince consolation devant le désespoir du néant.

Au delà de toute représentation métaphysique, il nous reste un espace temporel humainement accessible:

celui de l'*éros* pour les choses sensibles. La vie s'exprime alors comme la jouissance matérielle ou spirituelle de ce que l'être nous offre.L'*éros* devient, dans ce cas, le lien intime qui attache la durée de notre existence aux choses qui nous entourent. Conscients de la précarité de notre vie, nous cherchons la sérénité afin de jouir des moments fugaces ou de s'adonner à l'éclaircissement du mystère de la mort. Dans ce dernier cas, il y a souvent l'acceptation du *thanatos* comme destin inéluctable de la vie. L'*éros* pour la vie peut alors nous diriger vers la réflexion sur la mort. *Eros* et *thanatos* sont notre horizon d'être.

2. Souffrance et dignité humaine

C'est la souffrance qui est inacceptable. Nous n'entendons pas par là, la souffrance des mystiques qui en font le chemin vers le salut de l'âme.Nous ne pensons pas non plus ici à la souffrance expiatoire, sentie d'ordinaire comme un besoin de l'existence pour s'élever au plus haut degré de la spiritualité. Nous faisons allusion à la souffrance qui déchire le corps et l'âme, celle qui nous prive ainsi de l'*éros*. Il s'agit de la souffrance qui enlève tout désir de vivre et nous incite à nous précipiter dans les demeures de la mort. On a alors le sentiment que la vie s'estompe devant la douleur et que l'étau se resserre. La souffrance s'ouvre sur un autre univers qui promet l'absence du moi torturé. C'est alors que l'importance du *thanatos* prend une dimension extraordinaire.

Epicure faisait de l'ataraxie, absence de douleur, le plus grand bien[178]. C'est dans la nature de l'homme de fuir la souffrance. On se résigne plus facilement à la mort qu' aux douleurs atroces. C'est pourquoi l'ultime geste désespéré, échappatoire à la souffrance, devient le suicide[179].

Le code pénal ne punit pas l'auteur du suicide[180]. C'est une affaire de morale et de vision propre à chacun de concevoir la vie. Pour les grandes religions, le suicide est interdit car la vie n'est pas la propriété de l'homme. On ne saurait se décider à propos de quelque chose qui ne nous appartient pas. Les philosophies spiritualistes vont dans le même sens. Le pythagorisme, le platonisme, ainsi que le néo-platonisme, et même l'aristotélisme se révèlent, sans aucune ambiguïté, hostile au suicide [181]. En revanche, le cynisme et le stoïcisme, notamment celui de Rome, voient dans cet acte une expression de courage. Vivre selon la nature, ce qui est le fondement de philosophie stoïcienne, c'est savoir bien vivre et bien mourir. La mort de Sénèque en constitue le meilleur témoignage.

Il y a plusieurs interprétations de l'acte suicidaire. La philosophie ou la métaphysique du geste nous préoccupe moins que la psychologie de l'auteur. Si le suicide peut être qualifié comme un acte inhumain allant contre le penchant naturel de la conservation de soi, il n'en reste pas moins qu'il demeure humain comme geste qui tend à effacer la douleur, comme affirmation de la dignité personnelle.

La dignité témoigne du respect que les autres ont pour nous, mais aussi le respect que nous éprouvons pour notre personne. Dans le miroir du monde, nos valeurs existentielles sont déterminées, avant de se cristalliser dans notre regard, par le regard des autres. Ainsi, mon image renvoie à l'image d'autrui, et ma dignité exprime l'estime de l'autre pour moi. En même temps, la consécration de ma dignité par les autres, renforce mon élan vers la jouissance des choses du monde et vers la créativité. A cette fin, il y a collaboration de l'esprit et du corps. La dignité exige alors l'intégrité physique et morale, reflet d'une personnalité épanouie.

Si la souffrance dégrade le corps, elle se répercute sur l'esprit. On a alors l'impression de "décroître", avec sa propre dignité. On a le sentiment d'être séparé des autres, car son image ne peut plus se cadrer avec l'harmonie du monde. Lorsqu'on est rongé par un cancer ou dévoré par le sida, lorsque une paraplégie immobilise le corps et le met en dehors du cours des choses- ce qui représente des tourments insupportables- le moi a la conviction que sa dignité est en train de se perdre. L'image de l'intégrité se désagrège et cède sa place à la déliquescence.Le suicide se présente alors comme un acte salutaire pour sauvegarder, dans la mémoire du je et celle des autres, l'image digne d'une existence humaine. Les tourments moraux et les douleurs corporelles rendent certaines fois la vie inhumaine. L'*éro*s devient *éros* de la mort; le suicide marque alors le moment de la conciliation de l'*éros* et du *thanatos*. En effet, au nom de la dignité personnelle, on peut s'accorder le droit de ne pas vouloir laisser une image déshumanisée par la souffrance et par suite une image ternie par la déchéance consommée[182].

L'ancien droit français portait condamnation au droit de se donner la mort. La sanction prévue était la privation de sépulture religieuse et de prières publiques. Même la tentative de suicide était en principe punie de la peine de mort[183]. Quel paradoxe de vouloir prévenir, au nom de la valeur sacrée de la vie, la mise à mort, par la menace d'une sanction qui prévoit cette mise à mort! Même du point de vue préventif, il devenait absurde de vouloir prévenir un délit par une peine qui répondait au mobile poursuivi par son auteur; c'est pourquoi le châtiment était commué en une condamnation aux galères. Notons enfin que le droit anglo-saxon considérait le suicide comme un crime, jusqu'à une époque récente (Acte du 3 août 1961)[184].

3. Mourir seul.

S'il y a, aujourd'hui, un revirement pour l'impunité de l'auteur du suicide, la présence devant celui qui veut se donner la mort n'est pas sans conséquences légales. En effet, si le suicidaire peut s'octroyer la mort, il faut qu'il soit seul et non assisté. La non-assistance à personne en danger serait retenue contre celui qui n'empêche pas le suicidaire d'accomplir son acte[185]. D'autre part, toute assistance à cette fin peut être qualifiée d' euthanasie. Nombreux en sont les cas dans le corps médical. En effet, la jurisprudence internationale nous informe que l'euthanasie est très souvent assimilée à l'homicide, car le mobile, ne fut-ce qu'humanitaire, ne rentre pas *a priori* dans le jugement de l'acte.

La déontologie qui se dégage du suicide et de l'euthanasie est d'une grande complexité tant du point de vue morale que juridique. Il n'en est pas moins vrai qu'elle relève de la conscience individuelle: le moment ultime de l'existence qui entre dans le mystère de l'être revient à soi-même. Au sens figuré, il représente, l'espace finals de sa propre liberté. Certes, Dieu ne permet point de disposer de cette chose, la vie, qui ne nous appartient pas, mais Il ne peut pas sans doute vouloir nous voir souffrir l'humainement insupportable. Nous sommes vraiment bouleversé par les témoignages des infirmiers[186] à l'hôpital

Paul Brousse, unité des soins palliatifs. Même pour eux, le spectacle de la souffrance des patients incurables était trop dur à vivre: Y....avoue: qu'il "*marquait tout ce qu "il avait fait dans la journée sur un cahier*"mais qu' "*il a fallu arrêter, se fixer des limites, autrement on n'allait pas tenir*"

Ces faits nous poussent à nous forger une autre conception de la non-assistance à personne en danger.Lorsque la douleur possède entièrement l'individu, lorsqu'elle le vide de tout désir de vivre, lorsque son corps s'affaiblit et devient tributaire de la charité des autres, lorsque l'image du soi dans le miroir meurtrit irréparablement la dignité personnelle, le patient est en danger de perdre son identité, de tomber dans la haine pour lui-même. C'est quelqu'un que nous devons secourir. Nous voyons dans le suicide l'ultime moyen pour sauver sa propre dignité et sauvegarder l'intégrité de sa personne, car la mort, éliminant le corps, n'efface pas la mémoire de la personnalité. Il y a un respect certain qui est dû à la personne humaine après sa mort. Dans un arrêt en date du 2 juillet 1993, le Conseil d'Etat établit les principes déontologiques qui incombent au médecin une fois que son patient est décédé. Notamment il estime que "l*es principes déontologiques fondamentaux relatifs au respect de la personne humaine* (*et* par suite à sa dignité) *qui s'impose au médecin dans ses rapports avec son patient, ne cesse pas de s'appliquer avec la mort de celui-ci*"[187]

Eviter le processus de la déchéance, prévenir l'altération de l'identité, voici les deux raisons graves qui font du suicidaire un individu en péril. Pouvons nous alors refuser de l'aider? Le refus, ne peut-il pas être qualifié de non-assistance à personne en danger? La mort est bien humaine, la souffrance, elle, ne l'est pas. Certes, le suicide est une réaction contre la gravité de l'échec. Il n'en reste pas moins qu'il représente l'acte héroïque de l'homme de vouloir assumer la responsabilité de sa propre existence, afin de pénétrer dignement dans le mystère de l'être.

4. Le droit de chacun de choisir sa mort.

De nos jours, où les droits de l'homme sont en pleine expansion, où l'humanisme s'ouvre sur des nouvelles perspectives, il y a un autre regard sur le sens profond du suicide et de l'euthanasie[188]. Les associations pour “la mort douce”osent revendiquer plus fermement le droit de se donner la mort au nom de la dignité humaine. Dans des cas désespérés, les personnes en coma et les incurables par exemple, l'euthanasie est envisagée comme mission salvatrice du médecin[189] Dans cette optique, les députés néerlandais ont adopté, le 14 avril 1994, un texte législatif sur 'l'euthanasie[190]. Si celle-ci demeure interdite, sa pratique, reconnue comme faisant partie de la réalité médicale, pourrait être admise, selon les cas, par la justice[191].

En France, à la fin de l'année 1993, le Sénat a voté une loi reconnaissant à titre exceptionnel la pratique de la mort douce. Il ne faut pourtant pas considérer que l'euthanasie est légalisée. Notons encore que le Tribunal d'Assen et la cour d'appel de La Haye, à la question concernant la capacité des individus souffrants à disposer de leur vie à l'aide d'un médecin, ont répondu par l'acquittement de ce dernier. Toutefois la responsabilité pénale du médecin n'a pas été retenue au non d'"une force majeure”pour soulager les douleurs[192]

Les pays anglo-saxons ont fait encore un pas en avant. Les électeurs de l'Etat d'Oregon ont voté (mardi 8 novembre 1994) pour le suicide médicalement assisté pour les patients atteints de maladies incurables.[193]

Selon la loi *Death with dignity act (*mourir dignement) les habitants d'Oregon pourront se faire prescrire par des médecins, sans violer les lois, des médicaments qui leur permettront en des conditions strictement définies, de mettre fin à une vie de souffrances.

D'après la "mesure 16"qui a été adopté par 52% des suffrages, le patient se trouve à un stade de la maladie qui doit être estimé comme irréversible par son médecin. Celui-ci doit en outre être certain que la durée de vie du malade ne doit pas dépasser les six mois. Le diagnostic doit être, en plus, confirmé par un autre médecin. Cette mesure prévoit en détails tout possibilité d'abus de ce geste de sorte que tout se passe selon la volonté libre et lucide de l'auteur, légalement contrôlée. Enfin soulignons la différence qui existe entre cette mesure et les autres formes d'euthanasie: le patient prend le médicament de lui-même, alors que celui-ci, d'ordinaire, est administré par le médecin [194].

Au delà de toute position positive ou négative prise sur ce sujet si délicat, avouons que seul le verbe vivre ne saurait épuiser l'historique de la vie humaine. Apprendre à mourir, pour se soustraire aux infortunes du destin, fait également partie de notre présence dans le monde, et que le *thanatos* peut réserver le départ définitif dans une lueur d'*éros*.

BIBLIOGRAPHIE

Sources anciennes

ARISTOPHANE, *Thesmophoriazusae.*

ARISTOTE, *L'Ethique à Nicomaque.*; *Magna Moralia.*

DIOGENE LAERCE, *Epicure, in Vie, Docttrine et Sentence des Philosophes Illustres,.*

ESCHYLE, *Les Choéphores*; *Les Euménides*; *Sept contre Thèbes.*

EURIPIDE, *Les Suppliantes.*

HOMERE, *L'Iliade.*

ISOCRATE, *Contre Lokhitès.*

LYCURGUE, *Contre Léocrate.*

PINDARE, *Néméennes, Pythiques.*

PLATON, *Les Lois; L'Apologie de Socrate; Alcibiade; Criton*; *Phédon.*

SOPHOCLE, *Antigone; Ajax..*

SIMPLICIUS, *Physique.*

Sources modernes

R. ADORNO, *La Distinction Juridique entre les Personnes et les Choses*, Thèse de doctorat en droit, Université Paris XII-Val de Marne, Saint Maur, 1994.

F. D' AGOSTINO, *Bia. Violenza e Giustizia nella Filosofia e nella Letteratura della Grecia Antica*, Milano, Giuffrè,
1983.

K. BINDING, *Die Normen und Ihre Übertretung. Band 1. Normen und Strafgesetze,* Aalen, Scientia Verlang 1965.

P. BOURDIEU, "Pour une Politique de la Morale en Politique, *in Société, Droit, Moralité*, Athènes-Komotini, Sakkoulas, 1993.

J. BREANT, *Thanatos. le Monde et le Médecin devant la Mort,* Paris, R. Lafont, 1976.

A. CAMUS, *Le Mythe de Sisyphe,* Paris, Folio/Essais, 1987.

J. M. CARBASSE, "L'Influence de la Bible sur l'Ancien Droit Pénal Français (XII-XVIIIe Siècles), *in L'Année Canonique,* 1992; *Introduction Historique du Droit Pénal*, Paris, Puf, 1990.

D. CASTELLANO, "Il 'concetto' di Persona Umana negli Atti dell' Assemblea Constituente e l'Impossibile Fondazione del Politico, *in Diritto e Società*, 1994.

M. CATTANEO, *Illuminismo e Legislazione Penale. Saggi sulla Filosofia del Diritto Penale nella Germania del Settecento*, Milano, Led, 1993.

P. CHANTRAINE, *Dictionnaire Etymologique de la Langue Grecque*, Paris, Klincksieck, 1980 C.J CHENG, "The Notion of Modern International Trade Law, i*n Ciencia Politica Comparade y Dercho y Economia en las Relaciones Internacionales. Estudios en Homenaje a Ferran Vallis I Taberner,* XXII, Barcelona, 1993.

N. A. CHORAPHAS, *Principes Généraux du Droit Pénal*, Athènes, Sakkoulas 4ème éd

R. CROSS-P. ASTER, *An Introduction to Criminal Law*,,Londres, Matterwoths, 7ème éd., 1972.

C. COMBE, "Le Droit de Résistance dans l'Ecole Moserne du Droit Naturel, *in Le Droit des Modernes (XIVe-XVIIIe siècles)*, Paris, L.G.D.J., 1994.

S. COTTA, *Why Violence? A Philosophical Interpretation,* University of Florida Press, 1978.

S. DELIVOYATZIS, *Le Naturel et L'Humain,* Athènes Codikas, 1993.

E. DESMONDS, *Droit et Devoir de Resistance en Droit Interne. Contribution à une Théorie du Droit Positif*, Thèse pour le doctorat en Droit de l'Université Panthéon-Assas, 1994.

R. EVANCS, *Entretiens avec C. G. Jung,* Paris, Payot,1964. P. FERREIRA da CUNHA, *Para una Historia Constitucional do Direito Português,* Coimbra, Almedina, 1995.

V. GIONELA, “Parallèle entre la Responsabilité Pénale dans le Droit Mésopotamien, Hebreu, Perse, Indien, et Chinois", *in Cuadernos Informativos de Dercho Historico, Publico, Procesal y de la Navegacion*, n° 14, 1992.

R. GRAND, "La Prison et la Notion d'Emprisonnement", in *Revue Historique de Droit Français et Etranger*, 1940, v.XIX.

P. GRAVEN, "La Politique Criminelle Néo-Classique, *in Des Libertés et des Peines. Actes du Colloque Pellegrino Rossi*, Genève, Georg, 1980.

H. JESCHECK, "La Conscience Humaine et la Responsabilité Pénale de l'Individu, *in La Responsabilité Pénale*, Paris, Dalloz,1961.

R. JHERING, *La Lotta per il Diritto*, Bari, Editori Laterza, 1960.

G. W. F. HEGEL, *Principes de la Philosophie du Droit ou Droit Naturel et Science de l'Etat en Abrégé.* Paris, Vrin, 1993.

M. HEIDEGGER, *Introduction à la Métaphysique*, Paris, Tel/Gallimard, 1967; Acheminement vers la Parole, Paris, Tel/ Gallimard, 1990; *Questions I et II,* Paris, Tel/Gallimard, 1990; *Questions III et IV*, Paris, Tel/ Gallimard, 1990; *Acheminement vers la Parole*, Paris, Tel/Gallimard, 1990. *Le Principe de Raison*, Paris,

Tel/Gallimard, 1992; *Chemin qui ne Mène Null Part*, Paris, Tel/Gallimard, 1992.
HELVETIUS, *De l'Esprit*, Paris, Editions Sociales, 1959
T. HOBBES, Leviathan, Grande Brétagne, Pelican classics, 1980; *De Cive,* Paris, Garnier-Flammarion, 1982.
A. KREMMER-MARIETTI, *Les Apories de l'Action. Essai d'une Epistémologie de l'Action Morale et Juridique,* Paris, Kimè, 1993.; *Morale et Politique. Court Traité de l'Action Morale et Politique*, Paris, Kimè, 1995.
H. KANTOROWICZ, *The Définition of Law*, Cambridge University Press, 1958
E. KANT, *Métaphysique des Moeurs. Premierère Partie. Doctrine du Droit,* Paris, Vrin, 1986. *Obseravions sur le Sentiment du Beau et du Sublime,* Paris, Vrin, 1992.
H.KELSEN, *Théorie Pure du Droit*, Neuchâtel, Editions de la Baconnière, 1968. "Norme et Proposition en Théorie du Droit", *in Droits,* n° 13; *Una Teoria Fenomenologica del Diritto*, Napoli, Edizioni Scientifiche Italiane. 1990.
S. KIERKEGAARD, *Miettes Philosophiques. Le Concept de l'Angoisse. Traité du Désespoir*, Paris,Tel/Gallimard, 1992.
G.S. KIRK-J. E. RAVEN, *The Presocratic Philosophers*, Cambridge University Press, 1979.
E. LEVINAS, *La Mort et le Temps*, Paris, Livre de Poche/Biblio-Essai, 1992.
A. LAINGUI, "Lois, Juges et Docteurs dans l'Ancien Droit Pénal"*in Cahiers de Philosophie Politique et Juridique,* Caen, 1988,
T. LEVY, *Le Désir de Punir*, Paris, Fayard, 1979.
J. LOCKE, *Traité du Gouvernement Civil*, Paris, Garnier-Flammarion, 1984.
K. LORENZ, *Evolution et Modification du Comportement*, Paris, Payot, 1967. *L'Agression,* Paris, Champ/Flammarion, 1983.

F. MAHDI, *Fondement et Mécanisme de l'Etat en Islam,* Paris, L' Harmattan, 1991.
G. A.MAGAKIS, *L'Imputation en Droit Pénal.* Annexe des Annales Scientifiques de la Faculté du Droit d'Athènes, 1962.
J.F. MATTEI, *Pythagore et les Pythagoriciens*, Paris, Puf, Que sais-je?, 1993.
G.MATZNEFF, "Le Suicide chez les Romains", *in Le Défi*, Paris, La table Ronde, 1977.
J.MELEZE-MODRZEJEWSKI, "La Sanction de l'Homicide en Droit Grec et Hellénistique", *Mélanges P.Lévêque*, t.7, 1993.
M. H. MITIAS, "Another Look at Hegel's Concept of Punishment,"in *Hegel-Studien*, t.XIII,1978.
E.MOUTON, *Le Devoir de Punir*, Paris, Léopold Cerf, 1887.
F. NIETZSCHE, *La Généalogie de la Morale,* Paris, Folio/Essais, 1992.
S. PANAGIOTOU, *Justice, Law and Method in Plato and Aristotle*, Edmonton, Alberta, Canada, Academy Printing and Publishing, 1985.
R. POLIN, "La Désobéissance Civile", *in La Loi Civile.* Cahiers de Philosophie Politique et Juridique 1987, n° 12.
J. PRADEL- A. VARINARD, *Les Grands Arrêts du Droit Criminel,* t.I., *Les Sources du droit Pénal. L'Infraction*, Paris, Sirey, 2ème éd., 1988.
R. RABBI-BALDI CABANILAS, "El Concepto de Derecho en el Realismo Clacico a partir de las Opiniones de Michel Villey y Georges Kalinowski", *in Persona y Derecho*, 25/II 1991.
J. H.ROBERT, "L'Histoire des Eléments des Infractions", *in Revue des Sciences Criminelles et de Droit Pénal*, 1977.
J. RAWLS. *La Théorie de la justice,* Paris, Seuil, 1987.

J.J.ROUSSEAU, *Du Contrat Social*, Paris, Pluriel, 1978.

A. SAMI, *Corps Réel, Corps Imaginaire*, Paris, Dunod, 1984.

A. SCHOPENHAUER, *Le Fondement de la Morale,* Paris, Livre de Poche, 1991.

E. SUTHERLAND-F. CRESSEY, *Principes de Criminologie*, Paris, Cujas, 1966.

C. TALIN, "La Pensée du Châtiment chez Hegel. Bibliographie Critique", *in Rev. Intern. Philo. Pénale et Crm. de l'Ac.* n°5-6
1995.

J.M.TRIGEAUD, *Métaphysique et Ethique au Fondement du Droit*, Bordeaux, Bière, 1995.

S.TZITZIS, "Le Délinquant-Malade chez Platon et chez les partisans de la Défense Sociales, *in Revue pénitentiaire et de Droit Pénal*, n° 4, 1983; "La Punition de l'Homme Impie, sans Loi et injuste, dans Les Bacchantes d'Euripide, *Mnémè Petropoulos,* vol. II, Athènes, 1984; "Rétribution, Utilitarisme et Politique Criminelle à l'Epoque Contemporaine, *in Etudes internationales de Psycho-Sociologie Criminelle,* n°36-44, 1987, p.77-84; *Criminologie de l'Acte et Philosophie Pénale. De l'Ontologie des Anciens à la Victimologie Appliquée des Modernes* (en collaboration avec L. Négrier-Dormont) Paris, Litec, 1994; "Penal Trial and Onto-Axiological Dimension of Right, *in Vera Lex*, v..XII, 2, 1992 ; "Le Châtiement Tragique", *in Archipel Egéen,* 1991; "De la Philosophie Pénale à la Théorie du Droit Pénal. L'Etre et le Paraître (Les Source du Droit de Punir)", *in Estudios de historia del Derecho Europeo, Homenaje al Profesor C. Martinez Diez,* Universidad Computense de Madrid, V. 2, 1994.

G.TORRIS. *Penser l'Evolution. De la Bête à l'Homme,* Paris, Penser la Science/Editions Universitaires, 1990.

M.VILLEY, “De l'Indicatif dans le Droit, *in Archives de Philosophie du Droit,* n°19, 1974.

N. WALKER, *Why Punish?* Oxford University Press, 1991.

A. WEINGORT, "Juge et Sentence: La Responsabilité Pénale en Droit Hebraïque et dans les Droits du Proche-Orient Ancien", *in Revue d'Histoire du Droit Frénçais et d'Etranger*, n° 71(3) juillet-septembre, 1993.

NOTES

1Cf, M. HEIDEGGER, Introduction à la Métaphysique, Paris, Tel/Gallimard, 1967, p. 77.
[2] *Ibid.*, p. 119
[3] I*bid.*, p. 126
[4]Cf. M. HEIDEGGER, *Acheminement vers la Parole,* Paris, Tel/Gallimard, 1990, p. 96; 114.
[5] Cf., M.HEIDEGGER, *Questions III et IV*, Paris, Tel /Gallimard, 1990, p. 417
[6] *Ibid.,* p. 336.

[7]Cf., J. H. ROBERT;, "L'histoire des Eléments de l'Infraction, *in R.S. C.D.P.* 1977, p. 269-284 et not. p. 277: "De l'infraction du délinquant la loi n'est certainement pas un élément. Elle est tout au plus une condition de la sanction qui lui est attachée".

[8]Nous ne sommes pas d'accord avec A. KREMER-MARIETTI qui voit dans la punition" l'annulation de l'intention et de la volonté qui l'a suivie", de sorte de faire manifester le Code pénal "une fatale contradiction entre la personne libre-qu'il condamne en tant que telle- et le coupable qu'il punit en ne le reconnaissant plus comme une personne digne de participer à la communauté politique"; *Morale et Politique*, Paris Kimè, 1995, p. 51; 52. En effet, une fois le délit perpétré l'intention coupable a été réalisée, et en tant qu'intention accomplie ; donc, on ne saurait l'annuler. D'autre part, on ne peut pas punir une intention illicite qui n'a pas donné lieu à un commencement d'action illégale.
[9]En revanche, aux Etat Unis, trente-huit Etats appliquent aujourd'hui la peine de mort, alors qu' il y a un peu plus de deux ans on en énumérait vingt sur cinquante. Voir *Le Monde* du 21 février 1995, p. 1 et l'InfoMatin du 8 mars 1995, p.6
[10]Chapitre XIV § XXIII
[11] Traduction de S. Sorbière, édition Garnier-Flammarion, 1982, p. 257-258.

[12]E.KANT, *Métaphysique des Moeurs.Première Partie. Doctrine du Droit,* Paris, Vrin, 1986, p. 97.

[13]Voir *Die Normen und Ihre Übertretung. Band 1.Normen und Strafgesetze,* Scientia Verlang Aalen, 1965

[14] Comme N. A. CHORAPHAS, *Principes Généraux du Droit Pénal,* Athènes, "Sakkoulas, 4ème éd. v. 1 p. 26 et suiv., et G. A. MAGAKIS, *L'Imputation en Droit Pénal,* Athènes, Annexe des Annales Scientifiques de la Faculté du Droit d'Athènes, 1962, p. 46 et suiv...

[15]G. A. MAGAKIS, *op. cit.*, p. 86.

[16] Dans le sens qu'il attache plus d'importance à la pratique et aux conséquences d'une action qu'aux principes.

[17]Voir J. PRADEL- A. VARINARD, *Les Grands Arrêts du Droit Criminel,* t. 1, *Les Sources du Droit Pénal. L'Infraction*, Paris, Sirey, 2ème éd. 1988, p. 385 6 39.

[18] Pour plus de détails voir le chapitre VIII de mon livre (en collaboration avec L.Négrier -Dormont) *Criminologie de l'Acte et Philosophie pénale. De l'Ontologie des Anciens à la Victimologie Appliquée des Modernes,* Paris Litec, 1994, p.99-112, et notamment p. 111-112.

[19] Voir *Le Monde* du 11-12-1992, P. 11 et mon article, "Penal Trial and Onto-Axiological Dimension of Right,", in *Vera Lex*, v. XII, 2, 1992, p. 5-7.

[20]H.KELSEN, *Théorie Pure du Droit,* adapté de l'allemand par H. Thévenaz, Neuchâtel, Edition de la Baconnière, 1968, p. 52-53.

[21]*Ibid.*, p. 76.

[22]"Norme et Proposition en Théorie du Droit", *in Droits,* n° 13, p. 139-152 et notamment, p. 145.

[23]H.KELSEN, *Una Teoria Fenomenologica del Diritto,* a cura di G. Stella, Napoli, Edizioni Scientifiche Italiane, 1990, p. 4O-41.

[24] M. VILLEY, "De l'indicatif dans le Droit", *in Archives de Philosophie du Droit,* n°19, *Le Langage du Droit,* 1974, p. 33-61 et notamment, p. 34

[25]*Ibid.*, p. 36

[26]*Ibid;.*, p. 39.

[27]*Ibid.*, p. 4O-41.

[28] Cette idée est à rapprocher de la conception de l'Ancien droit criminel français, voir A. LAINGUI, "Lois, Juges et Docteurs dans l'Ancien Droit Pénal"*in Cahiers de Philosophie Politique et Juridique,* Caen, 1988, p. 73-89, et notamment p. 75..

[29] *Ibid;*, p. 36
[30] M.HEIDEGGER, *Le Principe de Raison*, Paris, Tel/Gallimard, 1992, p. 210
[31] "De l'Indicatif..." *op. cit.*, p. 37.
[32] "Norme et proposition", *op. cit;*, p. 146
[33] *Una Teoria Fenomenologica del Diritto, op. cit;*, p. 60.
[34] *Una Teoria...op. cit.*, p. 39; *Théorie Pure du Droit, op. cit.*, p. 89-90.
[35] *L'Ethique à Nicomaque*, 1134 a 3O-31.
[36] Du grec *polémos:* la guerre, le conflit et du verbe *gennân:*engendrer. Ce adjectif dénote donc ce qui est enclin à engendrer la guerre, à lutter contre.
[37]E.MOUTON, *Le Devoir de Punir*, Paris, Libr. Léopold Cerf, 1887, p. 223. Cet auteur précise : "Les mots de nécessité morale me semblent résumer assez bien ce droit de moralité sociale, ce besoin de foi publique, qui sont le titre et la mesure du droit de punir".
[38] Voir notre étude, "De la Philosophie pénale à la Théorie du Droit pénal. L'Etre et le Paraître(les Sources du Droit de Punir)" *in Estudios de Historia del Derecho Europeo, Homenaje al Professor C.Martinez Diez*, Universidad Computense de Madrid, V.2, 1994.p. 260-261.
[39]Voir notre étude "Le Châtiment Tragique", *in Archipel Egéen*, 1991, 1, p. 1-14 et notamment p. 7.
[40]Cfr., J. F. MATTEI, *Pythagore et les Pythagoriciens*, Puf, Que Sais-je?, Paris, 1993, P. 111.
[41]*Ibid.*, p. 116.
[42]" De la Philosophie Pénale."....*op. cit.*, p. 261.
[43]Cf., SIMPLICIUS, *Physique*, 24, 13.Voici un extrait de ce passage comme le traduit J. VOILQUIN, *in Les Penseurs Grecs avant Socrate.. De Thalès de Milet à Prodicos*, Paris Garnier_Flammarion, 1964. p. 51 : "...Anaximandre...dit que l'infini est le principe et l'élément des êtres....entendant ainsi...une certaine nature infinie différente, de laquelle se seraient formés tous les ciels et touts les mondes que ceux-ci ont contenus; c'est de là qui proviennent les êtres, c'est en cela aussi qu'ils se dissipent suivant une loi nécessaire, car, comme il le dit, en son langage poétique, ils sont châtiés et expient, au temps fixé d'avance, leur réciproque injustice."
[44] ESCHYLE, *Les Euménides*, v. 334.
[45] *Ibid.*, v. 256. ; 319-320.

[46] En effet, c'est le lot des Erinyes, incarnation de la nécessité de punir que d'être la "mémoire fidèle des crimes"; c'est pourquoi, elles prennent le surnom de "Redoutables".
Ibid..., v. 381-383.

[47]*Les Choéphores*, 1012-1013.
[48] *Ibid;*, v. 3O9-321.
[49]Voir notre étude, "La punition de l'homme impie, sans loi et injuste, dans *Les Bacchantes* d'Euripide, *in Mnémè Pétropoulos*, Athènes 1984, vol. II, p397-4O7.
[50]Voir notre étude, "Le Délinquant-Malade chez Platon et chez les partisans de la Défense Sociale", *Revue Pénitentiaire et de Droit pénal*, N/4, 1983, p. 383-391.
[51] "Aucun homme prudent ne punit parce qu' une faute a été commise, mais pour qu'elle ne soit plus commise "voir, *Ibid.*, p. 386.
[52] Cf., *Leviathan*, édité par C. B Macpherson, Grande Bretagne, Pelican Classics, 198O, ch. 1 p. 85.
[53] Voir le chapitre 18 du *Léviathan* où il est question des droits du souverain.
[54] *Ibid.*, ch.18, p.235.
[55] *Ibid.*, ch. 15, p. 210.
[56]*Traité du Gouvernement Civil*,Paris, Garnier/Flammarion,1984, ch. II, §7 p. 176.
[57] *Ibid.*, p. 177.
[58] *Ibid;.*,p. 179
[59] Pour plus de détail, voir M. CATTANEO, *Illuminismo e Legislazione Penale, Sagggi sulla Filosofia del Diritto Penale nella Germania del Settecento.* Milano, Led, 1993, et notamment le premier travail qui porte sur "Beccaria e Kant. Il valore dell'Uomo nel Diritto Penale".
[60]Cf., HELVETIUS, *De l'Esprit*, Paris, Editions Sociales, 1959, p. 1O2: "La conclusion générale de tout ce que je viens de dire, c'est que la vertu n'est que le désir du bonheur des hommes; et qu'ainsi la probité que je regarde comme vertu mise en action, n'est, chez tous les peuples et dans tous les gouvernements divers, que l'habitude des actions utiles à sa nation".
[61]*Métaphysique des Moeurs. Première Partie. Doctrine du Droit.* Paris, Vrin, 1986, p. 213, §I.

[62]Cf., P. GRAVEN, "La Politique Criminelle Néo-Classique," *in Des Libertés et des Peines, Actes du Colloque Pellegrino Rossi,* a organisé à Genève les 23 et 24 novembre 1979, Genève, Georg, 1980,p. 1O7-128 et not. p. 117.

[63] Voir la critique, très pertinente à nos yeux, des idées kantiennes, que Schopenhauer fait dans *Le Fondement de la Morale,* Paris, Livre de Poche, 1991, p. surtout dans le chapitre II, p. 41 et suiv...

[64] M. H. MITIAS, "Another Look at Hegel's Concept of Punishment" in *Hegel-Studien,* t.XIII,1978, p.175-185. Pour une bibliographie complète de Hegel sur le châtiment : C. TALIN, "La Pensée du Châtiment chez Hegel. Bibliographie Critique", *in Rev. Intern. Philo. Pénale et Crm. de l'Ac.* n°5-6
1995.

[65]G. W. F. HEGEL, *Principes de la Philosophie du Droit ou Droit Naturel et Science de l'Etat en Abrégé,* Paris, Vrin, 1993, p. 141, note 82§ 97.

[66]*Ibid.,* p. 141, §99.

[67] *Ibid.,* p. 142.

[68] *Ibid.,* p. 139§95.

[69] *Ibid.,* p. 146.

[70] Par éclectisme, nous entendons tout courant qui s'évertue à concilier la rétribution et les fins utilitaires de la punition en matière de téléologie pénale.

[71] Pour plus de détails, voir notre étude,"Rétribution, Utilitarisme et Politique criminelle à l'époque contemporaine"*in Etudes Internationales de Psycho-Sociologie Criminelle,* n°36-44, 1987, p. 77-84.

[72] *Cf.,N WALKER, Why Punish?* Oxford University Press, 1991, p. 131 et suiv...

[73]Tel est l'esprit, à notre avis, de l'article 5 de la Déclaration des droits de l'homme et du citoyen de 1789 qui stipule: "La loi n'a le droit de défendre que les actions nuisibles à la société".

[74] En effet, Rousseau, dans *Du Contrat Social,* Paris, Pluriel, 1978, p. 321 observe" Quand on propose une loi dans l'assemblée du Peuple, ce qu'on leur demande n'est pas précisément s'ils approuvent la proposition ou s'ils la rejettent mais si elle est conforme ou non à la volonté générale qui est la leur: chacun en donnant son suffrage dit son avis là-dessus, et du calcul des voix se tire la déclaration de la volonté générale. Quand donc l'avis contraire au mien l'emporte, cela

ne prouve autre chose sinon que je me suis trompé, et que ce que j'estimais être la volonté générale ne l'était pas . Si mon avis particulier l'eût emporté, j'aurais fait autre chose que ce que j'avais voulu, c'est alors que je n'aurais pas été libre". Or le délinquant ne saurait objecter, en commettant le délit, qu'il n'avait pas souscrit à la loi issue de la volonté générale.

[75]Pour les différentes conceptions de cette idée, voir dans notre livre, *Criminologie de l'Acte et Philosophie Pénale. De l'Ontologie des Anciens à la Victimologie Appliquée des Modernes,* Paris, Litec, 1994, le chapitre "La Criminologie de l'Acte, les Criminologies du traitement", p. 46-49. Cfr., T. LEVY, *Le Désir de Punir,* Paris, Fayard, 1979, p. 168.

[76] Voir *Le Monde* du 8-11-1994, p. 28.

[77]*Ibidem*

[78]Un juge de ce tribunal observe que "*notre programme pour 1995 correspond à la mission que nous a confiée le Conseil de sécurité: le jugement des responsables de tueries et de viols massifs et de la pratique du nettoyage ethnique*", voir *Le Monde* du 2-2-95, p. 6.

[79] En effet, "L*a plus grande menace qui pèse sur La Haye, c'est la signature d'un accord de paix comprenant une amnistie pour les criminels de guerre,* souligne Françoise Bouchet-Saulnier, responsable du droit humanitaire à Médecins sans frontières. S*i le Conseil de sécurité a le choix entre une paix sans justice et une justice sans paix, il n'hésitera sans doute pas longtemps: le tribunal sera sacrifié*". *Le Monde du* 8-11-94, p. 28

[80]Cf;, E. SUTHERLAND - F. CRESSEY, *Principes de Criminologie,* Paris, Cujas, 1966, p. 3O7.

[81] De cette manière le caractère polémogène du droit de punir nous révèle que la sanction n'a guère pour mission de défendre un credo moral mais elle exprime la riposte conséquente d'une société organisée.Or nous ne partageons pas entièrement les idées de H. JESCHECK, qui voit dans la culpabilité en droit pénal "un reproche personnel" pour le délinquant parce qu'il a pris partie" contre ce qui est juste".Pour cet auteur, le juste concerne notamment "la qualité morale de l'acte". Voir "La Conscience Humaine et la responsabilité Pénale de l'Individu", *in La Responsabilité Pénale,* Paris, Dalloz, 1961,p. 415-526 et notamment p. 416. Nous sommes plus proche de l'avis des R. CROSS et Ph. ASTER, *in An Introduction to Criminal Law,* 7ème édition, Londres Batterwoths, 1972. Ces auteurs soutiennent que les sphères de la morale sociale et du droit pénal

s'interposent jusqu'à un certain point. Toutefois plusieurs règles adoptées par ce droit n'ont que peu d'affinité avec la moralité sociale; de même, plusieurs règles de la moralité sociale ne sont pas soutenues par la force contraignante du droit pénal (voir p. 23.).

[82] Cf., H. KANTOROWICZ, *The Definition of Law,* Cambridge University Press, I958, p. 3O-33.

[83]C.C. 1979, n°49, p. 14O

[84]Voir *Le Monde* du 31 mai 1988 p. 13.

[85] *Le Monde* du 15 juin 1988, p. 14.

[86]C.C, Ch. Crim. Table analytique décennale des arrêts rendus 1-1-70/31-12-79, p.868, n°74.

[87] Cf., le cas de Rachid T., qui a été poursuivi comme étant le responsable à la mort de Y..L..., décédée d'une crise cardiaque, après s'être interposée, dans une bagarre, entre son fils et Rachid. Celui-ci a été inculpé pour "coups et violences volontaires et voies de fait ayant entraînés la mort sans intention de la donner. Y..L. est morte en moins d'une heure après l'incident. Le tribunal n'a pas pu vérifier les affirmations du fils de la victime selon lesquelles Rachid a roué de coup sa mère. Le verdict fut l'acquittement de Rachid. Voir *Le Monde* du 23-12-1994, p. 13.

[88]p. 66.

[89] *Ibid.*, p. 67

[90] *Ibid.*, p. 68-69.

[91]*Ibid.*, p. 69.

[92] *Ibidem* et p. 75.

[93] *Ibid.*, p. 76-77.

[94]Cf;, SOP. *Aj* 732, Tr. 841, EUR. *Suppl.* 6O2.Cf., J. MELEZE-MODRZEJEWSKI, "La Sanction de l'Homicide en Droit Grec et Hellénistique", *Mélanges P. Lévêque*, t.7, 1993, p. 245-259.

[95]Cf.,*Il.* 17, 2O7. Pd.*P.* .1,113; *N.* I, 1O8.

[96] Cf;, *Pd.*P. 4, 112.

[97] Cf., I*bid,* 2, 32.

[98] Voir P. CHANTRAINE, *Dictionnaire Etymologique de la Langue Grecque,* Paris, Klincksieck,1980, s.v.

[99]V. GIONELA, "Parallèle entre la Responsabilité Pénale dans le Droit Mésopotamien, Hébreu, Perse, Indien et Chinois", in *Cuadernos Informativos de Derecho Historico, Publico, Procesal y de la Navegacion*, 14, 1992, p. 3311-3222.

[100] *Ibid.* p. 3313-3314

[101]Cf., J.M. CARBASSE," L'influence de la Bible sur l'Ancien Droit Pénal Français (XII-XVIIIe siècles)s, *in L'Année Canonique,* 1992, p. 1O3-114,

[102]F. MAHDI, *Fondement et Mécanisme de l'Etat en Islam,* Paris,L'Harmathan, 1991, p. 51-52.

[103]Cf. *Exode,* 22,3;22,6;22,8. Voir également A. WEINGORT, "Juge et Sentence: la Responsabilité Pénale en Droit Hébraïque et dans les Droits du Proche-Orient Ancien", *Rev. Hist. Droit,* 71, (3) juill-sept 1993, p. 357- et notamment p. 362.

[104] *Nombres* 35, 31, cité par A. WEINGORT, *op. cit;,* p. 361.

[105] *Genèse* 9,6.

[106]*Nombres* 35,33. Dans la même perspective de la quête de réciprocité, l'article 55 des Lois assyriennes autorise le père d'une vierge violée, à se livrer, à son tour au viol de la femme de l'agresseur.

[107] Prenons le cas d'Oreste, dans la trilogie d'Eschyle (A*gamenon, Choéphores, Euménides*).Le fils d'Agamemnon doit, en tant que *poinatôr* (vengeur), par delà de toute morale, tuer sa propre mère, afin que la loi du talion soit accomplie. Son acte va contre la morale qui demande le respect de la mère, morale protégée par les Erinyes qui se mettront à poursuivre le matricide.

[108]*Ethique à Nicomaque*,1129 b 17

[109]I*bid.*, 1131 a 31.

[110] *Ibid.*, 1132 a 4. PLATON prescrit la même chose dans Les *Lois* 862 b.

[111]*Ibid.*, 1132 b 28-30. De cette manière, ISOCRATE remarquera: "Il est injuste d'accorder une moindre vengeance aux gens obscurs qu'aux gens renommés", *C. Lokhitès,* 14.

[112]Cf., *Magna Moralia* 1196 a 30-35

[113]G.S. KIRK - J. E. RAVEN, *The Presocratic Philosophers,* Cambridge university Press, éd 1979 de l'édition originale de 1957, frg. 279 p. 229.

[114] Platon fait de la justice l'accord des trois parties de l'âme et des trois classes de la cité. Voir *La République.*

[115]HEIDEGGER, " La Parole d'Anaximandre", *Chemin qui ne mène nulle Part,* Paris, Tel/ Gallimard, 1992, p. 432, observe: " *Tisis* peut signifier expiation; mais non nécessairement, car 'expiation' ne désigne pas la signification essentielle de ce mot. *Tisis,* c'est l'estime. Estimer quelque chose signifie: le respecter, et ainsi satisfaire en son être à ce qui est estimé. La suite essentielle de l'estimation, du donner

satisfaction, c'est, dans le bien, le bien fait; dans le mal, c'est le châtiment"

[116] G. S. KIRK- J. E. RAVEN, *op. cit;,* "frg." 22O, p. 199.

[117]Cf., ARISTOPHANE, *Thesmophoriazusae,* v. .722.

[118] Cf., ESCHYLE, *Sept contre Thèbes,* v.1O49.

[119]G.S KIRK-J. E. RAVEN, *op. cit.,*"frg".342 p. 267.

[120]*Ibid..*"frg".347, p. 273.

[121]Heidegger définit ainsi le fondement: "ce qui, dans l'essence, *est,* ...de toute antiquité s'est déterminé comme fondement. ..tout déploiement d'essence a le caractère du fondement", *Acheminement vers la Parole,* Paris,Tel/Gallimard, 1990.p. 159.

[122]"La Désobéissance civile", *in La Loi Civile, Cahiers de Philosophie Politique et Juridique,* 1987, n°12, p. 183-196 et notamment p. 187.

[123]Ch. 14, p. 199, édité par C. B. MacPherson

[124] Le problème moral se pose, en revanche, chez les partisans de l'Ecole moderne du droit naturel. Ceux-ci, admettent, dans une perspective juridique, l'obéissance à la loi, mais dans une perspective éthico-philosophique, ils n'excluent pas la désobéissance à une loi qui s'oppose au droit naturel.Pour plus de détails, voir C. COMBE, "Le droit de résistance dans l'Ecole moderne du droit naturel", *in Le Droit des Modernes (XIVe-XVIIIe siècles),* Paris, L.G.D.J., 1994, p. 69-86.

[125]*Traité du Gouvernement Civil,* Paris, 1984, Garnier-Flammarion, p. 335 § 2O4.

[126] *Théorie de la Justice,* Paris, Seuil, p. 4O5.

[127]*Ibid.,* p. 405-406.

[128] *Ibid.,* p. 4O6.

[129] *Traité..op. cit.,* p. 334-335 § 2O2.

[130] *Théorie..op. cit;,* p. 415.

[131] *Ibid.,* p. 4O9.

[132] Ibid., p. 408-409.

[133]Pour l'histoire des frères ennemis, Etéocle et Polynice qui se sont battus devant les portes de Thèbes, revendiquant le trône, voir la tragédie d'Eschyle, *Sept Contre Thèbes*

[134]Voir la note 577, p. 1275, *in Tragiques Grecs. Eschyle,Sophocle,* La Pléïade, 1967.

[135] Cf;, LYCURGUE, *Contre Léocrate,* 112-115.

[136] Voir l'"Introduction" d'*Antigone* par R. Dreyfus *in Tragiques Grecs,* p. 556.

[137] Cf., PLATON, *Les Lois,* 793 a-c

[138]Cfr. ARISTOTE, *Ethique à Nicomaque*, 1134 a 32: "la *dikè* est un jugement de ce qui est juste et injuste".
[139]Pour plus de détails concernant l'interprétation de l'attitude de Socrate envers la cité, voir, R. KRAUT, *Socrate and the State*, Princeton, N. J.Princeton University Press, 1984; *Justice, Law and Method in Plato and Aristotle,* édité par S. PANAGIOTOU, Academy Printing and Publishing, Edmonton, Alberta, Canada, 1985.
[140]Pour plus de détails, voir la thèse d'E. DESMONS, *Droit et Devoir de Résistance en Droit Interne. Contribution à une Théorie du Droit Positif,* Université Panthéon-Assas, 1994, p. 121-131.
[141] "Toute attaque toute résistance avec violences et voies de fait envers les officiers ministériels, les gardes champêtres ou forestiers..... agissant pour l'exécution des lois, des ordres ou ordonnances de l'autorité publique, des mandats de justice ou jugements, est qualifiée, selon les circonstances, crime ou délit de rébellion".
[142] E. DESMOND *op. cit.*,p. 121 et suiv.
[143]"Constitue une rébellion le fait d'opposer une résistance violente à une personne d dépositaire de l'autorité publique ou chargée d'une mission de service public agissant dans l'exercice de ses fonctions, pour l'exécution des lois, des ordres de l'autorité publique des décisions ou mandats de justice.
[144] Voir, J. PRADEL- A. VARINARD, *Les Grands Arrêts du Droit Pénal L'Infraction,* t. 1, Paris, Sirey, 1988, p. 205-212.
[145] *Ibid.*, p. 207
[146]Voir *Le Monde*, 22 janvier 1992, p.3
[147] Voir *Le Monde* 4 janvier 1994, p. 4.
[148] Une fois connue l' activité de Grüninger, celui-ci a été condamné à 300 francs d'amende et aux frais de justice pour " *violation de prescription de service et falsification de documents"(Ibid)* par le tribunal de Saint-Gall. Aujourd'hui, le gouvernement de Saint-Galla a admis que " *Paul Grüninger a violé consciemment des prescriptions dans le but de protéger des réfugiés. En agissant ainsi, il a consenti à de grands sacrifices personnels"*
[149] R. JHERING, *in La Lotta per il Diritto,* Bari, Editori Laterza, 1960, p. 93, parle du sentiment du juste (*Rechtsgefühl*), écartant la conscience comme appartenant aux abstractions de la science.
[150]J. M. TRIGEAUD a consacré un ensemble d'études au droit prosopologique (*Métaphysique et Ethique au Fondement du Droit*, Bordeaux, Bière, 1995). Il importe de noter que Trigeaud s'attache à la métaphysique transcendante de ce droit, étant inspiré par

Rosmini.En revanche, nous nous occupons de l'ontologie de ce droit et de sa vérité qui est plutôt dévoilement (*alèhéia*) que révélation (Trigeaud) Cela n'empêche pas que, par des chemins différents, Trigeaud et nous-mêmes défendons la densité ontologique du juste, irréductible à un droit phénoménologique. Notons encore que D. CASTELLANO accorde au principe personnaliste (dans une de ses expressions modernes) un sens péjoratif. Il remarque notamment: "...il cosidetto *principio personalista* rapresenta ad un tempo la principale causa dell'affossamento della dignità et del valore della persona, classicamente intesa...il *personalismo*, come inteso dai Costituenti (e, successivamente, dai più), rappresenta la negazione dell'esperienza guiridica come problema della verità e della politica". "Il 'concetto' di persona umana negli atti dell' assemblea costituente e l'impossibile fondazione del politico", *in Diritto e Società*, 1994, p. 1-35 et notamment p. 34-35.

151 *M.HEIDEGGER, Questions I et II*, p. 538-539.

152 Nous nous distinguons par là des personnalistes dont la démarche est plutôt éthique qu'ontologique. Voir R. ADORNO, *La Distinction Juridique entre les Personnes et les Choses*, Thèse de doctorat en droit, Université Paris XII-Val de Marne, Saint Maur, 1994, p. 54 .

153Voir également une autre conception de l'ontologie humaine et ses spécificités, *in* G. TORRIS, *Penser l'Evolution. De la Bête à l'Homme*, Paris, Penser la Sciences/ Editions Universitaires, 1990, surtout le chapitre III.

154 Ce "dire le droit", avant d'avoir une fonction qui marque la légitimité d'une autorité juridique, est ontologique . Voir R.RABBI-BALDI CABANILLAS, "El concepto de Derecho en el realismo clasico a partir de las opiniones de Michel Villey y Georges Kalinowski", *in Persona y Derecho*, II, 25, 1991, p. 73 -114 et notamment p. 103.

155 Du mot *poiésis*, création obéissant aux règles du beau et du bien, ces deux qualités qui sont à la base de tout humanisme authentique.

156Le je ou le moi désigne le sujet qui assume ses paroles et ses actes, donc en tant qu'il prend conscience de lui-même et par là de la présence des autres.

157Cf., E. LEVINAS, *La Mort et le Temps*, Paris, Livre de Poche/biblio-essai, 1992, p. 148-I49.

158P. BOURDIEU, dans "Pour une Politique de la Morale en Politique, *in Société, Droit, Moralité*, Athènes-Komotini, Sakkoulas, 1993, p.11-16, observe que les autres, en tant que groupe, ne reconnaissent que ceux qui déclarent publiquement qu'ils les (les groupes) acceptent.

[159] F. NIETZSCHE, *La Généalogie de la Morale*, Paris, Folio/Essais, 1992, § 8, p.76.

[160]E. KANT, *Observations sur le Sentiment du Beau et de Sublime*, Paris, Vrin, 1992, p.72.

[161]K. LORENZ, *Evolution et Modification du Comportement*, Paris, Payot, 1967, p.17.

[162]R. EVANCS, *Entretiens avec C. G. Jung*, Paris, Payot, 1964, p.27.

[163]*L'Agression*, Paris, Champ/Flammarion, 1985, p. 228.

[164]Cf., A. SCHOPENHAUER, *Le Fondement de la Morale*, Paris, Livre de Poche, 1991, p.144: " L'Etat, né de la crainte mutuelle que les hommes s'inspirent par leurs forces représentatives, prévient les effets désastreux de l'égoïsme général, autant du moins que peut faire un pouvoir tout *limitatif*" Schopenhauer est ici tributaire des idées de Hobbes (*Léviathan*).

[165] Cf., S. COTTA, *Why Violence? A Philosophical Interpretation*, University of Florida Press, 1978, p. 1O4; Cf;, P. FERREIRA da CUNHA, *Para una Historia Constitucional do Direito Português*, Coimbra, Almedina, 1995, p.13O.

[166] Ce qui n'exclut point l'idée que " The essence of a legal system is the inherent fact, based on the psychological element of *opinio juris*, that law is generally accepted by the community as a whole as binding, and the element of sanction is not essential, C. J. CHENG, "The Notion of Modern Inteeernational Trade Law", *in Ciencia Politica Comparade y Derecho y Economia en las Relaciones internacionales. Estudios en Homenaje a Ferran Vallis I Taberner*, XXII, Barcelona, 1993, p. 6741-6762 et not, p. 6758

[167]S. KIERKEGAARD, *Miettes Philosophiques. Le Concept de l'Angoisse. Traité du Désespoir*, Paris, Tle/Gallimard, 1992, p.173.

[168]Cf., A KREMER-MARIETTI, *Les Apories de l'Action. Essai d'une Epistémologie de l'Action Morale et Juridique*. Paris, Kimè, 1993, notamment l'appendice, p. 181-187.

[169]Voir *Le Monde* du 6-11-1993,p.14. Notons qu'un cas semblable, plus récent, s'est produit à Grenoble. Une jeune lycéenne a été exclue du lycée Emmanuel Mounier, parce qu'elle a refusé d'ôter son foulard.Toutefois, il convient de préciser que les enseignants lui ont permis de le porter pendant tous les cours, à l'exception des seuls

cours de gymnastique, *Le Monde* du 22-12-1993, p.12. En revanche, dans un deuxième lycée de la périphérie grenobloise, les professeurs n'ont permis à une élève de porter le foulard que dans le couloirs ou la cour de récréation, *Le Monde, ibid.* Ceci nous porte à croire qu'il y a des droits de l'homme sous conditions et à demi-mesures, des droits naturels que la volonté humaine s'autorise à modifier. Il est important de noter en l'espèce que le Conseil d'Etat, dans une affaire semblable, se montrant conséquent avec l'esprit de la Déclaration des Droits de l'Homme, a rendu un arrêt (2 novembre 1992) en faveur du port du foulard dans les Ecoles. Voir,*Rev. Fr. Dr. Adm.* n°1, janvier-février 1993, p. 118-119. Le tribunal administratif d'Amiens a également censuré le refus d'inscrire deux élèves. *Le Monde,* 24-24, 12, 94, p. 9.

[170]. En effet, M Jospin estime qu'une loi interdisant les signes religieux à l'école serait anticonstitutionnelle. *Le Monde,* 11-12, 12, 94, p. 11. D'autre part, M. Marceau Long, vice-Président du Conseil d'Etat s'interroge sur la validité de la circulaire du Ministre de l'Education Nationale M Bayrou, au sujet du foulard islamique. M. Long observe notamment; "le Conseil d'Etat entend faire prévaloir la protection des libertés", *Le Monde,* 20-12-1994, p. 14

[171]*Le Monde* du 26-27septembre 1993, p.7.

[172]*Le Monde* du 3O-11-93, p. 1O

[173]*Ibid.*, 13-11-93,p.13

[174] En France, le courant traditionaliste des criminalistes (par opposition à celui des révolutionnaires) a considéré que la prison n'est pas une peine, mais un lieu destiné à la garde des prévenus ou bien à la détention des débiteurs (en matière civile) et des condamnés à des peines pécuniaires (en matière criminelle). Bref, la prison était considérée comme une simple mesure de sûreté ou de contrainte. C'est la Révolution française, sous l'influence des philosophes humanitaristes (Montesquieu, Voltaire, Rousseau, etc), qui a introduit, en droit criminel, le système de prison afflictive. Voir R. GRAND, "La prison et la notion d'emprisonnement", *R. Hist. Fr. tr* (*R.H.D.*), 1940, v. XIX, p 58-87., et notamment, p. 77-79

[175] Cf. A. SAMI, *Corps Réel Corps Imaginaire,* Paris, Dunod, 1984, p. 133:"Toute représentation...passe fatalement par une figuration corporelle, elle est métamorphose du geste qui la crée dans un espace qui est lui même une des modalités du corps".

[176] Comme exemple caractéristique, citons la décision du tribunal correctionnel de Lyon. Il a condamné, mercredi 19 octobre 1994, à 4O heures de travail d'intérêt général, M...M..., dix -huit ans, l'un des

Algériens expulsés "*en urgence absolue*", puis autorisés à rentrer en France, après avoir été arrêtés lors d'une manifestation d'insertion professionnelle....
M..M..était poursuivi pour "vio*lences avec arme sur agent de la force publique*" parce qu'il était porteur de deux pierres au moment de son interpellation et était accusé d'en avoir lancé une troisième vers un fourgon de police", voir *Le Monde*, 21-octobre 1994, p. 11.

[177] Voir *Le Monde* du 24 mars 1993, p. 18

[178]DIOGENE LAERCE, *Epicure, in Vie, Doctrine et Sentence des Philosophes Illustres*,.
10,96.

[179] Cf;, A. CAMUS, *Le Mythe de Sisyphe*, Paris, Folio:Essais, 1987, p. 17: " Il n'y a qu'un problème philosophique vraiment sérieux: c'est le suicide. Juger que la vie vaut ou ne vaut pas la peine d'être vécue, c'est répondre à la question fondamentale de la philosophie".

[180] En revanche " la provocation au suicide" est punissable. Cf., les articles 223-13; 223-14; 223-15.

[181] Cfr., PLATON *Les Lois* 873, d. *Phédon*, 62 c. Pour plus de détail voir, F. d'AGOSTINO, B*ia. Violenza e Giustizia nella Filosofia e nella Letteratura della Grecia Antica,* Milano, 1983, p. 86-92.; G. MATZNEFF, " Le Suicide chez les Romains", *in Le Défi*, Paris, la Table Ronde, 1977, p. 144-181

[182] Cf., J. BREHANT, *Thanatos.Le Malade et le Médecin devant la Mort*, Paris, R. Lafont, 1976, p. 195.

[183]Cf. J. M. CARBASSE, *Introduction Historique au Droit Pénal*, Paris, Puf, 1990, p. 262, n°154.

[184] *Ibid.*, p. 33O.

[185]Voir un très intéressent arrêt de la C.C. du 26 avril 1988.

[186]Voir *Le Monde* du 14 août 1993, p. 2.

ı9 Pour plus de détails, voir dans notre livre, *Criminologie de l'Acte et Philosophie Pénale, op. cit.*, la section VIII sur" La Jurisprudence", p. 110-112.

[188] La Cour suprême du Canada a un arrêt très intéressant à, nous offrir; voir *Recueil des Arrêts de la Cour Suprême du Canada, 4e Cahier, 1993*, vol. 3. Renvoi (1993) 3. R.C.S 515-674. Voici l'essentiel de l'affaire: L'appelant à la Cour suprême de Colombie-Britanique a demandé une ordonnance déclarant que l'al 241 b) du Code criminel, qui interdit l'aide au suicide, est invalide comme portant atteinte à ses droits garanties par les art. 7, 12 et 15(1) de La

Charte canadienne des droits et libertés, et donc inopérant en vertu du paragraphe 52(1) de la *Loi constitutionnelle* de 1982, puisqu'il interdit à un malade condamné par sa maladie, l'aide à un médecin pour mourir; tel le cas de l'appelante qui était atteinte d'une sclérose latérale amyotrophique. La cour a rejeté cette demande à la majorité, mais les arguments des juges sont très éclairants sur la force du droit de se donner la mort. Les juges qui ont rejeté la demande ont avancé que la violation des droits évoqués par l'appelant, selon l'art. 7 de la Charte (droits à la liberté et à la sécurité de la personne) ne sauraient être dissociés du caractère sacré de la vie qui est la troisième valeur protégée par l'art. 7. Cet arrêt confirme que la dignité humaine n'est pas considérée comme principe de justice fondamentale au sens de l'art. 7 et que l'interdiction générale à l'aide au suicide " est lié à l'intérêt de l' Etat à la protection des personnes vulnérables et reflète des valeurs fondamentales véhiculées dans notre société". Les propos tenus par les juges dissidents sont tout autres. Ceux-ci soutiennent que l'alinéa 241 b du *Code* viole le droit à la sécurité de la personne garanti par l'art. 7 de la *Charte* . Toute restriction portée à l'autonomie personnelle est arbitraire, et par conséquent incompatible avec les principes de la justice fondamentale. De plus cet alinéa porte atteinte au droit à l'égalité prévue par l'art. 15(1) de la Charte Enfin, l'art. 7 qui consacre les droits fondamentaux aux canadiens met l'accent sur la dignité inhérente à l'existence humaine. Donc, toute interdiction édictée par l'Etat, qui imposerait une mort douloureuse et atroce à un malade en phase terminale constituerait une atteinte à la dignité humaine. Une leçon à retenir en l'espèce est que le problème de l'euthanasie est une affaire de conscience personnelle et de morale; il ne saurait se résoudre avec des réglementations juridiques et moins encore par l'intervention des droits de l'homme dont le contenu est assez vague et ambigu et qui donne lieu, par là, à des interprétations contradictoires

[189]Pourtant quel médecin pourrait être catégorique sur un cas désespéré, tel le fait d'être en coma ou en état végétatif? *Le Monde du 2 mai 1991*, p. 12, nous raconte l'histoire d'un jeune homme qui, six ans après son accident, renaît grâce à l'aide de sa famille. Sa mère dit à ce propos: " *On parle trop facilement d'état végétatif. Il faut être en permanence auprès d'un malade au sortir d'un coma pour capter les signes de communication. Sinon, on laisse les personnes s'enfoncer sans faire de progrès*".

[190] Voir *Le Monde* du 16 avril 1994.

[191] Théoriquement, aux Pays-Bas, un médecin qui pratique l'euthanasie est passible de trois à douze ans de prison, Mais s'il respecte un certain nombre de règles répertoriées dans une sorte d'aide-mémoire inscrit dans la loi, il est quasiment sûr d'être relaxé. Voir *Le Monde Radio-Télévison*, 22-23-1,95, p. 15.

[192] Voir dans notre livre *La Criminologie.....op. cit.*, p 112

[193] *Le Monde du* 13-14 novembre 1994, p. 1 et 9.

[194] *Ibidem.*

TABLE DES MATIERES

Aussi publié chez

Buenos Books International

L'OBSOLESCENCE DU DROIT D'AUTEUR

ET DE SA PHILOSOPHIE

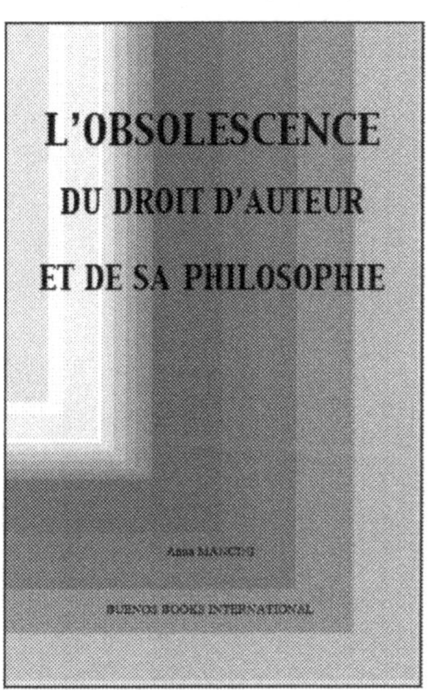

ISBN 9782915495355
VERSION IMPRIMÉE TOILE RELIÉE 2007

ISBN 2915495173
VERSION IMPRIMÉE brochée 2006

ISBN 2915495181VERSION ÉLECTRONIQUE
2006

www.ingramcontent.com/pod-product-compliance
Lightning Source LLC
LaVergne TN
LVHW091000080826
845145LV00003B/1065

* 9 7 8 2 9 1 5 4 9 5 3 8 6 *